も　く　じ

本書の使い方

　本書は，過去に出題された検定試験問題の出題傾向を徹底的に分析し，その傾向に対応した効率的な学習ができるように作成しました。本書の構成や特徴を以下に記しますので，ご使用の際にお役立てください。

1．本書の構成

　　本書は，「本体」「別冊－解答編」「別冊－級別単語表」「音声データ」（ストリーミング，Webダウンロード，別売CD）「英単語学習アプリ」で構成しています。それぞれの内容は次のとおりです。

　　　　＊「音声データ」のWebダウンロードは，弊社ホームページ（https://www.jikkyo.co.jp/）から行うことができます。

2．「本体」について

① 　学習項目数を12項目に分けています。　→　これは，検定問題の12問構成に対応しています。

② 　それぞれの項目は，「出題のポイント」「例題」「実践演習」で構成しています。

　　「出題のポイント」→　出題形式や習得すべきポイントなどを，箇条書きでまとめています。

　　「例題」→　過去の検定問題を扱い，解法のポイントを解説しています。

　　「実践演習」→　過去の検定問題とオリジナル問題の両方を扱いました。

③ 　また，各領域の学習後に「まとめてチェック！」を設けました。

　　　　→　基礎的な知識をまとめています。例題や実践演習とリンクしています。

④ 　各項目の学習を終えたら「模擬試験問題」を2回分掲載しています。

　　　　→　検定試験にそなえての実践形式です。習熟度を確認してください。

⑤ 　最後に，昨年度の「検定試験問題」を1回分掲載しています。

　　　　→　実際の試験問題ですので，最終の仕上げとして活用してください。

　　　　＊なお，検定試験問題の「音声」は，各種「音声データ」には収録しておりません。全商のホームページ（http://www.zensho.or.jp/puf/examination/pastexams/english.html）からダウンロードできます。

3．「別冊─解答編」について

　解説が充実していますので，知識の整理や，解答の導き方の確認などに活用してください。

4．「別冊─級別単語表」について

　単語表は，2級は3級・2級の単語表，1級は3級・2級・1級の単語表というように，下位級の単語をすべて掲載していますので，復習にも使えます。

5．「音声データ」（ストリーミング，Webダウンロード，別売CD）について

　収録内容は，問題集の該当箇所にトラック番号で示しています。発音のスピードは，検定試験に合わせるように配慮しています。

6．「英単語学習アプリ」（無料）について

　「別冊－級別単語表」に掲載している，英単語学習用のアプリを用意しています。

※ ストリーミングと「英単語学習アプリ」はこちらから

3 級

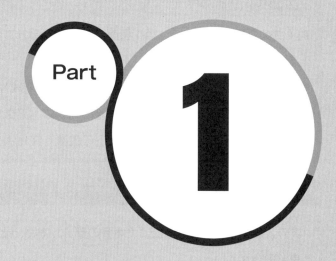

Part **1**

Listening・Speaking

1 アクセント

□ 出題のポイント

● 4つの選択肢の中から，第1音節（1番目の部分）または第2音節（2番目の部分）をもっとも強く発音する語を1つ選ぶ問題。

● 3級の級別語いの範囲内から出題されることが多いため，単語の意味を確実に定着させよう。

● 日本語のカタカナ語と，英語の本来の発音は，アクセントの位置が異なる場合があるので要注意。

● 単語を声に出して読み，アクセントの位置を覚えよう。

例　題

　次の各組の中に，第2音節（2番目の部分）をもっとも強く発音する語が1つずつあります。その語の番号を選びなさい。

a.	① bor-row	② com-mon	③ ex-cept	④ trou-ble
b.	① air-mail	② ba-sic	③ cen-tral	④ re-lax

解説

　2音節の語のアクセント位置を考える。すべての語を正しく読めるか，確認しておこう。

a. ③except「〜のほかは」は[iksépt]と発音し，第2音節をもっとも強く発音する。

　①borrow「借りる」は[bárou]，②common「共通の，ふつうの」は[kάmən]，④trouble「心配，〜を悩ます」は[trʌ́bl]と発音し，いずれも第1音節をもっとも強く発音する。

b. ④relax「くつろがせる，ゆるめる」は[rilǽks]と発音し，第2音節をもっとも強く発音する。

　①airmail「航空郵便」は[éərmèil]，②basic「基本の，基礎的な」は[béisik]，③central「中心の，主要な」は[séntrəl]と発音し，いずれも第1音節をもっとも強く発音する。①は**カタカナ語の「エアメール」とはアクセントの位置が異なる**ことに注意。

解答　a. ③　　b. ④

c.	① ex-er-cise	② mu-si-cal	③ Pa-cif-ic	④ res-tau-rant
d.	① ar-e-a	② con-di-tion	③ reg-u-lar	④ u-ni-form

解説

　3音節の語のアクセント位置を考える。**カタカナ語のアクセントに注意しよう。**

c. ③Pacific「太平洋」は[pəsífik]と発音し，第2音節をもっとも強く発音するので，これが正解。

　①exercise「運動，練習」は[éksərsàiz]，②musical「ミュージカル，音楽の」は[mjúːzikl]，④restaurant「レストラン」は[réstərənt]と発音し，いずれも第1音節をもっとも強く発音する。

d. ②condition「状態，状況」は[kəndíʃn]と発音し，第2音節をもっとも強く発音する。

　①area「地域，面積」は[éəriə]，③regular「定期的な，規則的な」は[régjələr]，④uniform「制服」は[júːnəfɔ̀ːrm]と発音し，いずれも第1音節をもっとも強く発音する。

解答　c. ③　　d. ②

（例題a〜dは第65回 改）

実 践 演 習

1　次の各組の中に，第1音節（1番目の部分）をもっとも強く発音する語が1つずつあります。その語の番号を選びなさい。

a．① re-turn　　　② at-tack　　　③ es-cape　　　④ post-card

b．① her-self　　　② a-fraid　　　③ pass-port　　　④ ma-chine

c．① de-sign　　　② rail-road　　　③ a-cross　　　④ a-live

d．① ex-am-ple　　　② e-ras-er　　　③ na-tion-al　　　④ pi-an-o

e．① di-a-mond　　　② com-put-er　　　③ un-der-stand　　　④ en-gi-neer

2　次の各組の中に，第1音節（1番目の部分）をもっとも強く発音する語が1つずつあります。その語の番号を選びなさい。

a．① dis-cuss　　　② be-yond　　　③ plat-form　　　④ a-head

b．① ill-ness　　　② di-vide　　　③ be-low　　　④ re-ceive

c．① be-come　　　② be-hind　　　③ sur-prise　　　④ sol-dier

d．① a-part-ment　　　② to-mor-row　　　③ ham-burg-er　　　④ um-brel-la

e．① al-read-y　　　② or-ches-tra　　　③ va-ca-tion　　　④ ba-nan-a

3　次の各組の中に，第1音節（1番目の部分）をもっとも強く発音する語が1つずつあります。その語の番号を選びなさい。　　　　　　　　　　　　　　　　（第68回）

a．① be-gin　　　② ho-tel　　　③ mil-lion　　　④ re-port

b．① at-tend　　　② ex-cuse　　　③ o-bey　　　④ sal-ad

c．① butch-er　　　② one-self　　　③ po-lite　　　④ up-on

d．① car-pen-ter　　　② de-part-ment　　　③ mu-si-cian　　　④ to-mor-row

e．① De-cem-ber　　　② en-gi-neer　　　③ hos-pi-tal　　　④ pa-ja-mas

4　次の各組の中に，第2音節（2番目の部分）をもっとも強く発音する語が1つずつあります。その語の番号を選びなさい。　　　　　　　　　　　　　　　　（第63回）

a．① cher-ry　　　② on-ion　　　③ Rus-sia　　　④ suc-ceed

b．① blan-ket　　　② cab-bage　　　③ de-cide　　　④ ma-jor

c．① be-lieve　　　② sun-ny　　　③ tun-nel　　　④ wind-y

d．① ac-ci-dent　　　② con-tin-ue　　　③ en-er-gy　　　④ or-ches-tra

e．① clas-si-cal　　　② de-part-ment　　　③ in-ter-est　　　④ me-di-um

2　文の区切り

□出題のポイント

- ●文を1回区切って読むとすればどこで区切るかを考える問題。
- ●主語・動詞・目的語や，副詞節・関係詞節など，文の構造を見極めることが大切。
- ●副詞節と主節の間や，長い主語のあとなど，大きなかたまりの前後で区切ることが多い。
- ●2つ以上の区切りが考えられる場合は，もっとも大きなかたまりの区切りを答える。

例題

次のa〜cの英文を途中で1回区切って読むとすれば，どこで区切ったらよいですか。その番号を選びなさい。

a．Ken was reading a book ／ written ／ by ／ his favorite writer.
　　　　　　　　　　　　　　①　　　　　②　　③

解説

文全体はKen(S) was reading(V) a book(O) の第3文型で，written by his favorite writer「彼の大好きな作家によって書かれた」はひとかたまりで a book を修飾している。このような1つの大きなかたまりの途中で区切ることはできないので，①で区切るのが正しい。

解答　①

訳　ケンは彼の大好きな作家によって書かれた本を読んでいました。

b．I'll show you ／ how ／ to get ／ to the station.
　　　　　　　　　　①　　②　　　③

解説

文全体は〈show＋人＋こと〉「(人) に (こと) を示す，教える」の構文になっている。**how to get to the station「駅へ行く方法」**が「こと」にあたる**大きなかたまりになっているので，**かたまりの途中の②や③で区切ることはできない。よって，①が正解。

解答　①

訳　私はあなたに駅へ行く方法を教えましょう。

c．All ／ the people ／ who attended ／ the meeting ／ felt really excited.
　　　①　　　②　　　　　③　　　　　　④

解説

文全体は All the people(S) felt(V) excited(C) の第2文型。who ... meeting は the people を修飾する関係代名詞節で，the people の前に関係代名詞 that〔who〕が省略されている。**主語が長い場合は主語の終わりで区切って読むので，**④が正解。

解答　④

訳　会議に出席した人々は全員，とても興奮していました。

（例題a〜cは第65回 改）

実 践 演 習

1 次のa～eの英文を途中で1回区切って読むとすれば，どこで区切ったらよいですか。その番号を
選びなさい。

a. The boy / I saw / in the garden / was Mary's brother.
    ①   ②   ③

b. The girl / stopped singing / when she heard / a noise.
   ①   ②   ③

c. On my way / home / I met / my friend's mother.
    ①   ②   ③

d. He sent / me / a letter / while he was / traveling.
   ① ②   ③   ④

e. The only way / to get / the concert ticket / is to make / a phone call.
    ①   ②   ③   ④

2 次のa～eの英文を途中で1回区切って読むとすれば，どこで区切ったらよいですか。その番号を
選びなさい。

a. My mother told me / not / to be late for / school.
     ① ②   ③

b. The man I saw / in front of my house / was looking / for something.
    ①   ②   ③

c. I didn't know / what / to say to / her.
    ① ②   ③

d. Both my sister / and my mother / are interested / in making / dresses.
    ①   ②   ③   ④

e. It is important / that we read / as many / books / as possible.
    ①   ②   ③   ④

3 次のa～eの英文を途中で1回区切って読むとすれば，どこで区切ったらよいですか。その番号を
選びなさい。

a. Do you know / where I can / walk / my dog?
    ①   ② ③

b. The girl / wearing / a blue hat / carries a suitcase.
   ①   ②   ③

c. What kind / of / sports / do you like?
   ① ②   ③

d. The boy / ran away / as soon as / he saw / me.
   ①   ②   ③   ④

e．My bicycle / stolen / near the station / was found / in another town.
　　　　　①　　　　②　　　　　　　　　③　　　　　④

4　次のa～eの英文を途中で1回区切って読むとすれば，どこで区切ったらよいですか。その番号を選びなさい。 （第66回）

a．I saw a famous / actor / in / front of that theater.
　　　　　　　　　①　　　②　　③

b．He was the first / person / to climb / that mountain.
　　　　　　　　　①　　　②　　　③

c．This book was / so interesting / that I read / it in a day.
　　　　　　　①　　　　②　　　　　　　③

d．The bus / to the station / was late / because / of the heavy rain.
　　　①　　　　②　　　　　③　　　　④

e．The problem is / whether / I can find / the time / to study or not.
　　　　　①　　　　②　　　　③　　　　④

5　次のa～eの英文を途中で1回区切って読むとすれば，どこで区切ったらよいですか。その番号を選びなさい。 （第68回）

a．Let's talk / about the plan / over a cup / of coffee.
　　　　①　　　　②　　　　　③

b．Could you show me / where I can buy / the ticket / to the concert？
　　　　　①　　　　　　②　　　　　③

c．Students / who were absent / yesterday / must take the exams today.
　　　①　　　　　②　　　　③

d．Mike arrived / at the theater / ten minutes / after the movie / started.
　　　①　　　　②　　　　③　　　　④

e．Whether the baseball / game / will be held / depends / on the weather.
　　　　①　　　②　　　　③　　　④

ヒント！　どこまでが主語かを考えよう。

□出題のポイント

- 対話文でもっとも強く発音する語句を選ぶ問題。
- 疑問詞のある疑問文への応答は，その答えとなる部分がもっとも強く読まれる。
- その他の文では，対話の内容から，もっとも伝えたい内容が強く読まれる。

例題

次のa，bのA，Bの対話で，Bの発言のうち，普通もっとも強く発音する語句を含む下線部はどれですか。その番号を選びなさい。

a．A： What do you do？

　　B： I'm a <u>doctor</u> and <u>work</u> at <u>City Hospital</u>.
　　　　　　①　　　　　②　　　　　③

解説

What do you do？は**職業を尋ねるときに使う疑問文**。現在進行形ではなく現在形の疑問文なので，「現在，習慣的にしていることは何ですか」，つまり**「現在の仕事は何ですか」**という意味になる。職業を尋ねられたのだから，職業にあたる①doctor「医師」がもっとも強く発音される。

解答　①

訳　A：あなたの仕事は何ですか。　B：私は医師で，市立病院に勤めています。

---

b．A： Which tie will look good with this shirt？

　　B： I <u>think</u> the <u>blue</u> one will <u>look</u> <u>nice</u>.
　　　　①　　　②　　　　　　③　④

解説

Aの発話は「どちらのネクタイがこのシャツに合うと思いますか」という意味。Bの応答文にある one は tie の代わりに用いられている。the blue one「青いネクタイ」の **blue** がネクタイを特定する情報になるので，②をもっとも強く発音する。look nice はAの look good と同じことをいっているので，強く発音しない。

解答　②

訳　A：どちらのネクタイがこのシャツに合うと思いますか。　B：青いほうが合うと思います。

（例題a・bは第65回 改）

コラム

「新情報」に着目しよう！

Aの発言に出てきている語句をBがくり返している場合，その語句は新しい情報ではないので，原則として強く発音されない。強く発音されるのは尋ねられていることに直結する「新情報」になる。

実践演習

1　次のa〜eのA，Bの対話で，Bの発言のうち，普通もっとも強く発音する語句はどれですか。その語句の番号を選びなさい。

a.　A : Do you know who the woman is?

　　B : Yes, she is my aunt.
　　　　　　　① ② ③

b.　A : What time will the concert start?

　　B : I think it'll start at seven.
　　　　　　① ② ③

c.　A : Who did you go to Hokkaido with?

　　B : I went there with Mary.
　　　　　① ② ③

d.　A : How far is it from here to the station?

　　B : It is about two kilometers.
　　　　　① ② ③ ④

▶ p. 26 ②

e.　A : What will you do if you find some money on the road?

　　B : Of course I'll take it to the police.
　　　　　　　① ② ③ ④

2　次のa〜eのA，Bの対話で，Bの発言のうち，普通もっとも強く発音する語句はどれですか。その語句の番号を選びなさい。

a.　A : Why were you absent from school yesterday?

　　B : Because I had a cold.
　　　　　　　① ② ③

b.　A : Did you go to the U.S. with your family?

　　B : No, I went there alone.
　　　　　　① ② ③

c.　A : Which is your mother in the picture?

　　B : She is the woman wearing a jacket.
　　　　　① ② ③

d.　A : Would you like another cup of coffee?

　　B : No, thank you. I'd rather have a glass of water.
　　　　　　　　① ② ③ ④

e.　A : Who drove you home?

　　B : I met Bob on my way home, and he gave me a ride.
　　　　　　① ② ③ ④

ヒント!　give 〜 a ride は「〜を車に乗せる」。

3　次のa～eのA，Bの対話で，Bの発言のうち，普通もっとも強く発音する語句を含む下線部はどれですか。その番号を選びなさい。　（第68回）

a．A : How long are you going to stay in Hiroshima?

　　B : I'm <u>planning</u> to <u>stay there</u> for <u>ten days</u>.
　　　　　①　　　　　　②　　　　　③

b．A : Do you know where Bob is?

　　B : <u>He</u> is <u>doing his homework</u> <u>in the library</u>.
　　　　①　　②　　　　　　　　③

c．A : Have you seen Judy play the guitar?

　　B : No, I have <u>never</u> <u>seen</u> her <u>play</u>.
　　　　　　　　　①　　②　　　③

d．A : Why didn't you finish your math homework?

　　B : <u>Because</u> I had a terrible <u>fever</u> <u>after dinner</u> <u>last night</u>.
　　　　①　　　　　　　　　②　　　③　　　④

e．A : What would you like to eat for lunch?

　　B : <u>Anything</u> is <u>fine</u> <u>for me</u>.　I'm really <u>hungry</u>.
　　　　①　　　②　　③　　　　　　　④

ヒント!　would like to *do* は「～したい」。

4　次のa～eのA，Bの対話で，Bの発言のうち，普通もっとも強く発音する語句を含む下線部はどれですか。その番号を選びなさい。　（第66回）

a．A : What does your brother do?

　　B : <u>He</u> is <u>a doctor</u> in <u>Tokyo</u>.
　　　　①　　②　　　③

b．A : Why did you come to London?

　　B : Because <u>studying art</u> in <u>London</u> has been <u>a dream</u> since I was a child.
　　　　　　　　①　　　　　②　　　　　　③

c．A : Do you know who can't come to the party?

　　B : I <u>don't</u> think <u>Miranda</u> can <u>come</u>.
　　　　　①　　　　②　　　③

d．A : Which color is better for my new car?

　　B : I'd <u>choose</u> <u>yellow</u> because <u>white</u> is much too <u>common</u>.
　　　　　①　　②　　　　　③　　　　　④

e．A : What do you do when you want to relax?

　　B : <u>One</u> of my <u>favorite</u> ways to <u>relax</u> is to <u>have a bath</u>.
　　　　①　　　②　　　　　③　　　　④

4 聞き方(1)　絵の説明

□出題のポイント

●簡単な対話文を聞いて，その内容や状況に合う絵を選ぶ問題。

●対話の内容を正しくつかむことが大切。

●対話が読みあげられる前に絵に目を通して，絵の違いを把握しておくと，何に注意して聞けばよいか がわかる。

例題

　これから対話が2回くり返されます。その対話の内容を正しく表している絵を①〜③の中から1つずつ 選びなさい。

Question a.

Question b.

Question c.

Question d.

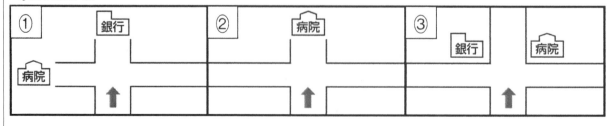

Question e.

[読まれる対話文]

Question a.　Woman :　Tell me what to do next.

　　　　　　　　Man :　Cut these carrots with this knife.

Question b.　　　Man :　How much water do we need?

　　　　　　　Woman :　One and a half cups.　It's enough to make some soup.

Question c.　　　Man :　What would you like to drink?

　　　　　　　Woman :　I'd like to drink something hot.　It's snowing and cold today.

Question d.　Woman :　Could you tell me the way to the hospital?

　　　　　　　　Man :　Go straight and turn left at the corner.

Question e.　　　Man :　Which of the three dolls do you like best?

　　　　　　　Woman :　I like the smallest one.　She is wearing a hat.

解説

a . ①②と③は野菜の種類が違っていて，①③と②は行動が違っているということをつかんだうえで対話文を聞く。男性が **Cut these carrots**「このニンジンを切ってください」と言っているので，①が正解。

b . 計量カップに入っている液体の量の違いを聞きとる。女性が **One and a half cups.**「1と2分の1カップ」と言っているので，③が正解。

c . ①②と③は外の天候，①③と②は飲み物が違う。女性が **I'd like to drink something hot.**「何か温かいものが飲みたいです」，さらに **It's snowing**「雪が降っています」と言っているので，①が正解。

d . 女性が **the way to the hospital**「病院への道」と言い，男性が **Go straight and turn left at the corner.**「まっすぐ行って，交差点を左に曲がってください」と言っているので，①が正解。

e . 男性が **Which of the three dolls** と言っているので，人形は3体あるとわかる。また，女性の **I like the smallest one.　She is wearing a hat.**「私は一番小さい人形が好きです。彼女は帽子をかぶっています」という発言から，一番小さい人形は帽子をかぶっているとわかるので，②が正解。

解答　　a . ①　b . ③　c . ①　d . ①　e . ②

全訳

a . 女性：次に何をすればいいか教えてください。　男性：このナイフでニンジンを切ってください。

b . 男性：どのくらい水が必要ですか。　女性：1と2分の1カップです。スープをつくるにはそれで十分です。

c . 男性：何が飲みたいですか。　女性：何か温かいものが飲みたいです。今日は雪が降っていて寒いです。

d . 女性：病院への道を教えてくれませんか。　男性：まっすぐ行って，交差点を左に曲がってください。

e . 男性：3体の人形のうち，どれが一番好きですか。　女性：私は一番小さいのが好きです。彼女は帽子をかぶっています。

（例題は第65回）

実践演習

1 これから対話が２回くり返されます。その対話の内容を正しく表している絵を①〜③の中から１つ

ずつ選びなさい。 **CD A 02〜08**

Example. Woman : Will you show me how to start this machine ?

Man : Certainly. Turn this key first.

（例）

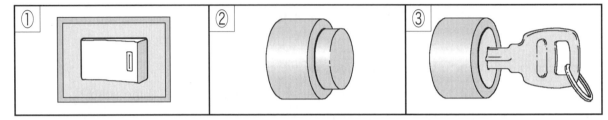

04 Question a.

05 Question b.

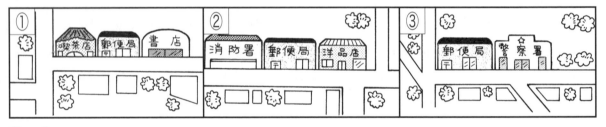

06 Question c.

07 Question d.

08 Question e.

2 これから対話が2回くり返されます。その対話の内容を正しく表している絵を①～③の中から1つずつ選びなさい。**CD A 09～15**

    Example. Woman : Will you show me how to start this machine ?

               Man : Certainly. Turn this key first.

（例）

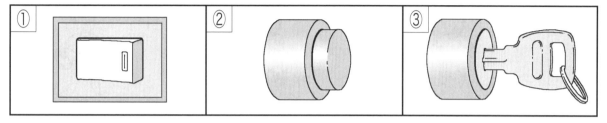

11 Question a.

12 Question b.

13 Question c.

14 Question d.

15 Question e.

3 これから対話が2回くり返されます。その対話の内容を正しく表している絵を①～③の中から1つずつ選びなさい。**CD** A 16～22 （第62回）

Example. Woman : You're really dirty!

Man : We played soccer in the heavy rain.

（例）

18 Question a.

19 Question b.

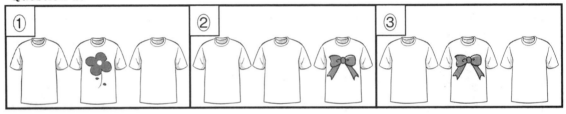

20 Question c.

21 Question d.

22 Question e.

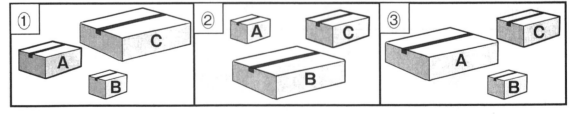

4 これから対話が2回くり返されます。その対話の内容を正しく表している絵を①〜③の中から1つ

ずつ選びなさい。**CD A 23〜29**　　　　　　　　　　　　　　　　　　　　　　　　（第64回）

　　Example.　Woman :　You're really dirty!

　　　　　　　　Man :　We played soccer in the heavy rain.

（例）

25　Question a.

26　Question b.

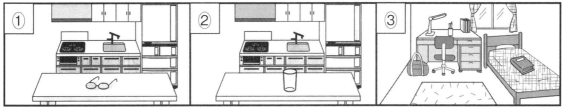

27　Question c.

28　Question d.

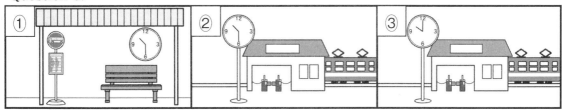

29　Question e.

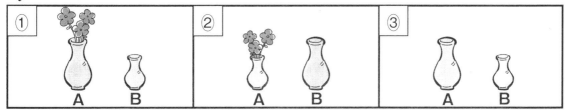

5　聞き方(2)　英問英答

□出題のポイント

● 読まれる質問文に対する適切な応答を3つの選択肢の中から1つ選ぶ問題。

● 最初の疑問詞を集中して聞きとる。Do/Did なども注意して聞き,「いつのことを問われているか」を聞き逃さないようにする。

● 慣用的な会話表現や, 定番の質問とその答え方をセットで覚えておくとよい。　▶ p. 26, 43, 44

例題

これから英語でa〜eの問いがそれぞれ2回ずつ読まれます。その問いに対するもっとも適当な応答を①〜③の中から1つずつ選びなさい。

a. ① No, nothing special.
　 ② Neither do I.
　 ③ No, I didn't.

b. ① So did I.
　 ② No, not yet.
　 ③ Sorry, I don't know.

c. ① It's too cheap.
　 ② Well-done, please.
　 ③ That sounds great.

d. ① Mary does.
　 ② He is absent.
　 ③ I like English.

e. ① At once.
　 ② Only twice.
　 ③ Two hours.

［読まれる質問文］

Question a. Do you have any plans this weekend?

Question b. Where did the accident happen?

Question c. Would you like to go out for dinner?

Question d. Who sits next to you in your English class?

Question e. How many times have you visited Hokkaido?

（解説）

a. 疑問文が Do で始まっていることを聞き逃さないようにする。Do you have any plans this weekend?
は「今週末は何か予定はありますか」という意味なので, ①「いいえ, 特に何もありません」が正解。
②「私もありません」は相手が否定文を言ったときの応答なので, ここでは不自然。また③は過去

形 did を使っているので，Do で始まる疑問文に対する応答にならない。

b．疑問文が **Where** で始まっているが，場所を答えている選択肢はない。そこで，「**わかりません**」と**答えていると考え**，③「すみません，わかりません」を選ぶ。①「私もです」は応答として成り立たない。②「いいえ，まだです」は過去の疑問文に対する応答としておかしい。

c．**Would you like to *do*？** は「～したいですか，～しませんか」という意味の疑問文。ここでは go out for dinner「夕食のために外出する，夕食を外で食べる」と言っているので，「**夕食を食べに行きませんか**」と**誘う表現**になる。③は「それはいいですね」という意味で会話が成り立つ。①は「それは安すぎます」，②は「（肉などを）よく焼いてください」という意味で応答として成り立たない。

d．疑問文が **Who** で始まっていることを聞き逃さないようにする。「誰が」に対する答えになっているのは①「メアリーです」だけなので，これが正解。②は「彼は欠席しています」，③は「私は英語が好きです」という意味。

e．**How many times** は回数を尋ねるときに使う。回数を答えているのは②「2回だけです」だけなので，これが正解。①は「すぐに」という意味。once には「1回，1度」という意味があるが，at once は「すぐに，ただちに」という意味を表すことに注意しよう。③は「2時間」という意味で，回数を表していないので，不適切。

解答　a．①　　b．③　　c．③　　d．①　　e．②

全訳

a．今週末は何か予定がありますか。――いいえ，特に何もありません。

b．その事故はどこで起こったのですか。――すみません，わかりません。

c．夕食を食べに行きませんか。――それはいいですね。

d．英語の授業であなたの隣に座っているのは誰ですか。――メアリーです。

e．あなたは何回，北海道を訪れたことがありますか。――2回だけです。

(例題は第65回)

コラム

英問英答問題を攻略する！

①最初の疑問詞を聞き逃さないようにしよう。

　最初の語が Where なら「場所」，When なら「時」，Who なら「人」が応答の中心になっている選択肢が正解となる。また，How many times〈回数〉，How long〈所要時間・期間〉，How much〈値段〉など，How で始まる語句の意味もしっかり覚えておこう。

②時制に注意しよう。

　疑問詞のあとに続く語が will，do，did のどれになるかによって，いつのことを尋ねているかが変わってくる。時制の違いが正解を導く手がかりになる場合があるので注意しよう。

③会話の慣用表現を覚えよう。

　誘う表現に対して (That) Sounds good〔great〕. と言ったり，許可を求める表現に対して No problem. や Sure, go ahead. と言ったりするように，会話には決まった受け答えの表現がある。このような表現をできるだけ多く覚えるようにしよう。　　　　　▶ p. 26, 43, 44

実　践　演　習

1　これから英語でa〜eの問いがそれぞれ2回ずつ読まれます。その問いに対するもっとも適当な応答を①〜③の中から1つずつ選びなさい。**CD** **A** 30〜36

32 a．① Yes, I can.

② Sure, go ahead.

③ My dictionary was expensive.

33 b．① Yes, thanks.

② You're welcome.

③ No, I didn't drink tea.

34 c．① Yes, you may.

② Yes, I do.

③ Yes, I'm looking for a T-shirt.

35 d．① Don't worry about it.

② You have a wrong number.

③ Please call me Ken.

36 e．① That's too bad.

② Your head is big.

③ Sounds great.

2　これから英語でa〜eの問いがそれぞれ2回ずつ読まれます。その問いに対するもっとも適当な応答を①〜③の中から1つずつ選びなさい。**CD** **A** 37〜43

39 a．① Sure, no problem.

② Oh, thank you.

③ Not at all.

40 b．① Because I don't want to eat dinner.

② No, they don't.

③ Yes, that's fine with me.

41 c．① My father watches me.

② Thank you.　I like it very much.

③ What a great day !

42 d．① Yes, please.

② So am I.

③ No, not at all.

▶ p. 26 ①

43 e．① May I take your order ?

② What kind of room would you like ?

③ Check out, please.

3 これから英語でa〜eの問いがそれぞれ2回ずつ読まれます。その問いに対するもっとも適当な応答を①〜③の中から1つずつ選びなさい。**CD A 44〜50**　　　　　　　　（第62回）

46 a．① Yes, you will.

② Yes, it was.

③ I hope so.

47 b．① At noon.

② Tomorrow morning.

③ In a few minutes.

48 c．① I think so.

② It's raining.

③ It needs some oil.

49 d．① He looks like a shopkeeper.

② Yes, I got a letter from him three days ago.

③ No, he never has.

50 e．① By car.

② About half a kilometer.

③ Near the park.

4 これから英語でa〜eの問いがそれぞれ2回ずつ読まれます。その問いに対するもっとも適当な応答を①〜③の中から1つずつ選びなさい。**CD A 51〜57**　　　　　　　　（第64回）

53 a．① Not so late.

② No, not yet.

③ Never mind.

54 b．① For one week.

② Until tomorrow.

③ Yesterday morning.

55 c．① I'm afraid you can't.

② You can play tennis.

③ I'm sorry to hear that.

56 d．① By email.

② Once a year.

③ Two months ago.

57 e．① Thanks, I will.

② You're welcome.

③ Yes, you may.

6 聞き方(3)　長文

□ 出題のポイント

● 少し長い英文に続いて，その内容に関する質問が５つ読まれる。それぞれの質問に対する答えとして もっとも適当なものを，３つの選択肢の中から１つ選ぶ問題。

● 選択肢にあらかじめ目を通しておき，聞きとるべきポイントを整理しておくことが大切。

● 時間や場所に関する問いが頻出のため，時間や場所に関する情報はメモを取るようにしよう。

例題

これから英文が読まれます。次にその内容について英語で５つの問いが読まれます。同じ英文と問いが もう１回くり返されます。その問いに対するもっとも適当な答えを①～③の中から１つずつ選びなさい。

a．① She is a teacher.

　② She works at a station.

　③ She is a high school student.

b．① On foot.

　② By train.

　③ By bicycle.

c．① No, she doesn't.　It's cloudy.

　② No, she doesn't.　It's very crowded.

　③ Yes, she does.　It's very crowded.

d．① Next Sunday.

　② Next Saturday.

　③ As soon as possible.

e．① At 7:50.

　② At 8:00.

　③ At 8:20.

［読まれる英文と質問文］

Miho is a high school student.　She takes the eight-o'clock train to school every morning. She can walk to the nearest station from her house in five minutes, so she leaves home at seven-fifty.　She doesn't like to take the train because it's very crowded.

Last night, she talked with her parents about riding a bicycle to school.　They agreed with her idea.　They are going to buy a bicycle next Sunday.

When she goes to school by bicycle, it will take forty minutes from her house to school. She has decided to leave for school at seven-forty.

Question a. Who is Miho?

Question b. How does Miho go to the nearest station from her house?

Question c. Does Miho like to take the eight-o'clock train for school?

Question d. When will Miho and her parents go to buy a bicycle?

Question e. What time will Miho arrive at school when she goes there by bicycle?

解説

a. 選択肢を見ると，**主人公の女性がどんな人物かが問われている**と予想できる。質問は「ミホとは誰ですか」で，英文の最初で Miho is a high school student. と言っているので，③が正解。

b. 選択肢は①「徒歩で」，②「電車で」，③「自転車で」となっているので，**移動手段についての問題**だと予想できる。質問は「ミホは家から最寄りの駅までどうやって行っていますか」と言っている。「彼女は家から最寄りの駅まで歩ける」といっているので，①が正解。**「家から駅まで」という部分を聞き逃してうっかり②を選ばないように注意**。また，現在のことを尋ねているのだから，③「自転車で」も間違い。

c. 選択肢の①には cloudy「くもっている」，②③には crowded「混雑している」が使われていることをチェックしておく。質問は「ミホは学校へ行くために8時の電車に乗るのが好きですか」という意味。「電車はとても混んでいるので，彼女は電車に乗るのが好きではありません」と言っているので，②が正解。

d. 選択肢から，**曜日などの「時」についての問題**だと予想できる。質問は「ミホと彼女の両親はいつ自転車を買いますか」という意味。They are going to buy a bicycle next Sunday. と言っているので，①が正解。

e. 選択肢から，**時刻についての問題**だと予想できる。質問は「ミホが自転車で学校に行くとき，学校には何時に到着しますか」という意味。最後の部分で，自転車で登校すると「40分かかるでしょう」と言っていて，さらに「彼女は7時40分に学校へ出発することに決めました」と言っているので，7時40分＋40分＝8時20分に学校に着く。よって③が正解。

解答 a.③　b.①　c.②　d.①　e.③

全訳

　ミホは高校生です。彼女は毎朝8時の電車に乗って学校へ行きます。彼女は家から最寄りの駅まで5分で歩けるので，家を7時50分に出ます。電車はとても混んでいるので，彼女は電車に乗るのが好きではありません。

　昨夜，彼女は自転車に乗って学校へ行くことについて両親と話し合いました。彼らは彼女の考えに同意しました。彼らは今度の日曜日に自転車を買うつもりです。

　自転車で登校すると，家から学校まで40分かかるでしょう。彼女は7時40分に学校へ出発することに決めました。

　a. ミホとは誰ですか。

　b. ミホは家から最寄りの駅までどうやって行っていますか。

　c. ミホは学校へ行くために8時の電車に乗るのが好きですか。

　d. ミホと彼女の両親はいつ自転車を買いますか。

　e. ミホが自転車で学校に行くとき，学校には何時に到着しますか。　　　　　　（例題は第65回）

実 践 演 習

1 これから英文が読まれます。次にその内容について英語で5つの問いが読まれます。同じ英文と問いがもう1回くり返されます。その問いに対するもっとも適当な答えを①～③の中から1つずつ選びなさい。**CD A 58～71**

61 a. She got up at
- ① 7 o'clock.
- ② 6 o'clock.
- ③ 5 o'clock.

62 b. ① Canada.
② The United States.
③ China.

63 c. ① By plane.
② By bus.
③ By taxi.

64 d. ① She lost her passport.
② Her suitcase was broken.
③ She forgot to bring the key.

65 e. ① Her father
② Her mother　did.
③ Nobody

2 これから英文が読まれます。次にその内容について英語で5つの問いが読まれます。同じ英文と問いがもう1回くり返されます。その問いに対するもっとも適当な答えを①～③の中から1つずつ選びなさい。**CD A 72～85**

75 a. ① Last summer.
② Next summer.
③ Last spring.

76 b. ① Her brother.
② Her uncle.
③ Her parents.

77 c. ① Fall.
② Winter.
③ Summer.

78 d. ① They said many Australian people speak Japanese.
② They said they were interested in Japanese things.
③ They said they wanted to tell Japanese people about Australia.

79 e. ① For seven days.
② For ten days.
③ For fourteen days.

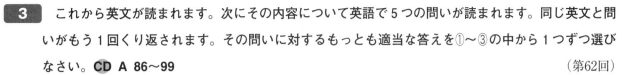

3 これから英文が読まれます。次にその内容について英語で 5 つの問いが読まれます。同じ英文と問いがもう 1 回くり返されます。その問いに対するもっとも適当な答えを①〜③の中から 1 つずつ選びなさい。**CD A 86〜99**　　　　　　　　　　　　　　　　　　　　　　　（第62回）

89　a．He was born
- ① next to a computer company.
- ② in a big city.
- ③ on a farm.

90　b．
- ① He woke up early, and he went to work in an office with a computer.
- ② He woke up late, and he gave the animals water and food.
- ③ He gave the animals water and food, and he kept them healthy.

91　c．It was
- ① studying hard.
- ② working hard.
- ③ going to university.

92　d．He wants her
- ① to work in an office.
- ② to go to university.
- ③ to live in a small village.

93　e．
- ① He is proud of her.
- ② He doesn't like her going to university.
- ③ He thinks she works too hard.

4 これから英文が読まれます。次にその内容について英語で 5 つの問いが読まれます。同じ英文と問いがもう 1 回くり返されます。その問いに対するもっとも適当な答えを①〜③の中から 1 つずつ選びなさい。**CD B 01〜14**　　　　　　　　　　　　　　　　　　　　　　　（第64回）

04　a．
- ① Two months ago.
- ② Two years ago.
- ③ Three years ago.

05　b．
- ① Tokyo.
- ② Osaka.
- ③ Fukuoka.

06　c．
- ① Science.
- ② English.
- ③ Japanese history.

07　d．
- ① She is Harry's sister and goes to high school in London.
- ② She is Harry's sister and goes to college in Tokyo.
- ③ She is a science teacher in Harry's high school.

08　e．
- ① She studies science in Japan.
- ② She talks with Harry in Japanese.
- ③ She writes her diary in Japanese.

まとめて チェック！(1)　英問英答集

①慣用的な会話の応答

□パスポート〔切符〕を拝見します。　□**May I see** your passport[ticket]？

　　□はい，どうぞ。　　□**Here it is. / Here you are.**

□今度の週末に泳ぎに行きませんか。　□**How about going** for a swim this weekend？

　　□それはいいですね。　　□Oh, **that sounds great！**

□窓を開けてもよろしいでしょうか。　□**Do you mind if** I open the window？

　　□どうぞ，構いませんよ。　　□**Of course not. / Certainly not.**

□ここには休暇で〔仕事で〕いらっしゃったのですか？

　　　　□**Are you here on** vacation[business]？

　　□いいえ，仕事で〔休暇で〕来ました。　□**No, I'm here on** business[vacation].

□昼食に〔夕食に〕何が食べたいですか。

　　　　□**What would you like for** lunch[dinner]？

　　□鶏肉がいいです。　　□**I'd like** some chicken.

②疑問文とその答え方

□修理にいくらかかりますか？　□**How much does it cost to** repair？

　　□10ドルかかります。　　□**It costs** 10 dollars.

□ここから図書館までの距離はどれくらいですか？

　　　　□**How far** is it from here to the library？

　　□2キロくらいです。　　□**It's** about 2 kilometers.

　　□歩いて5分くらいです。　　□**It's** about a five-**minute walk**.

□あとどのくらいで映画が始まりますか。

　　　　□**How soon** does the movie start？

　　□5分後です。　　□**In** five minutes.

□どのくらい頻繁に図書館に行きますか。

　　　　□**How often** do you go to the library？

　　□週に2回です。　　□**Twice a week.**

□どのくらいの間，東京に住んでいますか。

　　　　□**How long** have you lived in Tokyo？

　　□5年間です。　　□**For** five years.

□どうしてロンドンで勉強をしたいのですか。

　　　　□**Why** do you want to study in London？

　　□英語を学びたいからです。　　□**Because** I want to study English.

　　□英語を学ぶためです。　　□**To** study English.

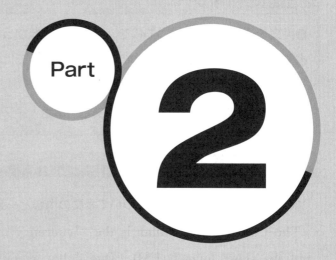

Part 2

Reading

7 長文(1) 内容理解

□出題のポイント

● 英文を読み，内容に合うものを，3つの選択肢から1つ選ぶ問題。

● 問題文で問われている英文中の箇所が，選択肢では本文と別の言葉で表されている場合があるので注意しよう。

● 内容を正確に読みとるためには，文法・単語・イディオムの知識が必要になる。　▶ p. 58～62

■例■題

次の英文を読んで，a～eについて本文の内容と一致するものを①～③の中から1つずつ選びなさい。

The United States dollar is the *1currency of the US. The sign for the US dollar is $ and the short form is USD. One dollar equals one hundred cents. There are coins for cents and *2bills for dollars. Several kinds of bills are printed: $1, $2, $5, $10, $20, $50, and $100. You hardly ever see $2 bills.

Each dollar bill has the picture of a famous US president or *3politician on it. For example, George Washington is on the $1 bill. He was the first president of the US.

US dollar bills are made of cotton, not paper. They are all the same size. In the past, they were all green. Today you can see different colors on dollar bills, such as light *4purple and yellow. If you look carefully, you can also see a *5watermark, and small red, blue and silver *6threads. These are to stop people from making copies of dollar bills.

*1currency：通貨　　*2bill(s)：紙幣　　*3politician：政治家

*4purple：紫色　　*5watermark：透かし（模様）　　*6thread(s)：糸

a. USD is short for
① the United States dream.
② the United States dollar.
③ the United States of America.

b. The $2 bill
① is not often seen.
② was never printed.
③ is smaller than any other bill.

c. George Washington was
① the first president who used the $1 bill.
② the first president to make a US dollar bill.
③ the president whose picture is on the $1 bill.

d. Dollar bills are made of
① cotton.
② paper.
③ paper and cotton.

e．Watermarks	①	can easily be seen on dollar bills.
	②	help to stop people making copies of dollar bills.
	③	were a good idea to make dollar bills full of colors.

解説

a． 問題文は「USD は（①アメリカの夢　②アメリカドル　③アメリカ合衆国）の略です」という意味。第1段落第2文に The sign for the US dollar is $ and the short form is USD.「**アメリカドルの記号は $ で，略号は USD です**」とあるので，②が正解。short form「短い形式，略号」 be short for ～「～を省略したものである」

b． 問題文は「2ドル紙幣は（①頻繁には見られません。　②決して印刷されませんでした。　③ほかのどの紙幣よりも小さいです。）」という意味。第1段落最終文に You hardly ever see $2 bills.「**2ドル紙幣はめったに見かけません**」とあるので，①が正解。hardly ever「めったに～ない」

c． 問題文は「ジョージ・ワシントンは（①1ドル紙幣を使った最初の大統領　②アメリカドル紙幣を作った最初の大統領　③1ドル紙幣に絵が描かれている大統領）でした」という意味。第2段落第2文に For example, George Washington is on the $1 bill.「例えば，**ジョージ・ワシントンは1ドル紙幣に描かれています**」とあるので，③が正解。①の who は関係代名詞で，who ～ bill が president を修飾している。②〈the first＋人＋to *do*〉「～する最初の（人）」　③whose は所有格の関係代名詞で，whose ～ bill は the president を修飾している。

d． 問題文は「ドル紙幣は（①綿　②紙　③紙と綿）でできています」という意味。最終段落第1文に US dollar bills are made of cotton, not paper.「**アメリカドルの紙幣は紙ではなく綿でできています**」とあるので，①が正解。be made of ～「～でできている」　B, not A「A ではなく B」

e． 問題文は「透かし模様は（①ドル紙幣上で簡単に見ることができます。　②人々がドル紙幣の複製を作るのを防ぐのに役立ちます。　③ドル紙幣をカラフルにするのによいアイデアでした。）」という意味。最終段落最終文に These are to stop people from making copies of dollar bills.「**これら（＝透かしや色のついた糸など）は人々がドル紙幣の複製を作るのを防ぐためのものです**」とあるので，②が正解。〈stop＋O＋(from)～ing〉「O が～するのを防ぐ」

解答　a．②　b．①　c．③　d．①　e．②

全訳

　アメリカドルはアメリカの通貨です。アメリカドルの記号は $ で，略号は USD です。1ドルは100セントに等しいです。セント用の硬貨とドル用の紙幣があります。数種類の紙幣――1ドル，2ドル，5ドル，10ドル，20ドル，50ドル，100ドル――が印刷されています。2ドル紙幣はめったに見かけません。

　それぞれのドル紙幣には，有名なアメリカの大統領や政治家の絵が描かれています。例えば，ジョージ・ワシントンは1ドル紙幣に描かれています。彼はアメリカの最初の大統領です。

　アメリカドルの紙幣は紙ではなく綿でできています。それらはみな同じ大きさです。昔は，それらはみな緑色でした。現在では，ドル紙幣に薄い紫や黄色などの異なる色が見えます。よく見ると，透かし模様や，赤や青や銀色の小さな糸も見えます。これらは人々がドル紙幣の複製を作るのを防ぐためのものです。

（例題は第65回）

実 践 演 習

1 次の英文を読んで，a～eについて本文の内容と一致するものを①～③の中から１つずつ選びなさい。

I have to make a speech in the next English class. I decided to talk about my own town, so I started looking for good stories about it.

First I used the Internet and entered the name of the town. I thought I could get a lot of good information very quickly, but I couldn't. There were some homepages about my town, but I found some were wrong and others were the stories we all already knew.

Next I went to the library. I tried to find useful books, but again I couldn't. I asked the man at the counter if there were any books about the town. He said, "Sorry, we have few, but what do you want to know?" So I explained to him about my speech. Then he said, "I can tell you all the things I know about our town." He had lived here for sixty years and knew a lot about the town. I learned many things from him. I will be able to give an interesting speech.

a．I began to collect
- ① a speech
- ② the information
- ③ an English class

about my town.

b．I got
- ① no
- ② a lot of
- ③ good

useful stories from the Internet.

c．I said to the man in the library,
- ① "Do you know about my speech?"
- ② "Do you know about the town?"
- ③ "Do you have any books about the town?"

d．The man knew about the town well because
- ① he had lived in the town for a long time.
- ② he worked for the library.
- ③ he learned many things from the books.

e．I will make a good speech thanks to
- ① the Internet.
- ② the books in the library.
- ③ the man in the library.

ヒント！ thanks to ～は「～のおかげで」。良いスピーチができそうなのは何〔誰〕のおかげ？

2 次の英文を読んで，a～e について本文の内容と一致するものを①～③の中から１つずつ選びなさい。

Hi, I'm Tomomi. Let me tell you about my stay in Australia. I'm enjoying it very much now.

My school is in a town about 80 miles away from Sydney. Some students go to school on foot, and others by school bus because they live far away from school. I've made lots of friends in school.

My host family has three people. Jane is the same age as me, and we go to school together. Mark, an office worker and my father here, always comes home from work at half past five every evening. He almost never comes home late. At six, all the family get together at table for dinner. Lisa, my mother here, told me that in this country most families think it is important to have meals together. How about the Japanese families? I have read in the Japanese paper that it is getting more difficult for the Japanese family to eat dinner together. There's a big difference between them and us.

a．Tomomi is enjoying
  ① talking about herself.
  ② her homestay.
  ③ the work with her family in Australia.

b．Some students go to school by school bus in Tomomi's school because
  ① they like buses.
  ② their houses are far away from school.
  ③ they live in a village.

c．Jane is
  ① as old as Tomomi.
  ② older than Tomomi.
  ③ the oldest in her family.

d．Mark usually comes home at 5:30
  ① to eat dinner together with his family.
  ② to clean his room.
  ③ to read the Japanese newspaper.

e．Tomomi feels a difference when she thinks about the Japanese families because
  ① they are getting fewer chances to eat together.
  ② they are getting more chances to eat together.
  ③ they have no chances to eat together.

ヒント！ difference は「違い」。トモミが違いを感じる理由を探す。

3 次の英文を読んで，a～eについて本文の内容と一致するものを①～③の中から1つずつ選びなさい。

(第66回)

Daniela is a 22-year-old student from *¹Brazil. The following is from her diary.

June 13

It's my first day in the United States and my first time in another country. So much is new. It's great to be here. I hope I do well.

June 25

I live with an American host family: Valerie and Tim and their daughter, Megan. They're really nice. Every day I learn something new. For example, this morning Valerie said, "Tim and I will be late home, I can't cook tonight. Help yourself to anything for dinner."

I thought Valerie needed help with dinner. So I bought takeout Chinese food for everyone. When Valerie came home, she said, "Daniela, why did you buy food? We have a lot." I explained. She said, "Help yourself means eat anything you want." We laughed and ate the food.

July 5

Yesterday was *²Independence Day. It's a big holiday here. My host family had a *³barbecue in their yard. Their friends and neighbors came. Everyone was very friendly and warm. Later, we enjoyed watching the beautiful *⁴fireworks.

*¹Brazil：ブラジル　　*²Independence Day：独立記念日　　*³barbecue：バーベキュー　　*⁴firework(s)：花火

a．On June 13, Daniela
- ① came to the United States again.
- ② started her life in the United States.
- ③ wasn't happy to be in the United States.

b．Daniela lives in the US
- ① with a family.
- ② with her friends.
- ③ alone.

c．On the morning of June 25,
- ① Valerie wanted Tim to cook dinner.
- ② Valerie asked Daniela to help her with dinner.
- ③ Valerie said she couldn't cook dinner that night.

d．Daniela bought takeout food because
- ① she didn't understand Valerie.
- ② there was no food in the house.
- ③ Megan wanted to eat Chinese meal.

e．On Independence Day,
- ① Daniela missed the beautiful fireworks.
- ② Daniela had a good time with her host family.
- ③ Daniela spent the holiday with her school friends.

ヒント！ ブラジル出身のDaniela が何をどう勘違いしたのかを考えよう。

4 次の英文を読んで，a〜e について本文の内容と一致するものを①〜③の中から１つずつ選びなさい。

（第68回）

"It is never too late to start new things." This is certainly true of Wakamiya Masako, an 87-year-old programmer. She *1developed a smartphone game *2app, *Hinadan* in 2017. Because of this, she was invited to a big meeting called the *3WWDC in the US. There, Apple *4CEO Tim Cook introduced Wakamiya as "the oldest *5developer." The day before the meeting, she had a chance to talk with him. Tim said to her, "You really *6inspired me."

Wakamiya was born in Tokyo. After she finished high school, she started working for a major bank. Just before she *7retired at the age of 60, she bought a computer. While caring for her mother at home, she spent time learning online and enjoyed the Internet.

She was over 80 when she started developing game apps herself. She bought some books to try programming. When she didn't understand something, she asked people for advice through the Internet.

"At the age of 60 my world became wider. I got wings!" she says.

*1develop：開発する　　*2app(s)：アプリ

*3WWDC(the Apple Worldwide Developers Conference)：アップル社が開催する世界開発者会議

*4CEO：最高経営責任者　　*5developer：開発者　　*6inspire(d)：鼓舞する　　*7retire(d)：退職する

a ．Ms. Wakamiya was invited to the WWDC

because
- ① she started a new business in the US.
- ② she wrote some books for game apps.
- ③ she made a game app for smartphones.

b ．Ms. Wakamiya
- ① talked with Tim Cook.
- ② missed a chance to meet Tim Cook.
- ③ introduced Tim Cook as the Apple CEO.

c ．After Ms. Wakamiya left high school, she worked
- ① at Apple.
- ② for a bank.
- ③ as a programmer.

d ．After Ms. Wakamiya retired from her job,
- ① she bought a computer to develop game apps.
- ② she took care of her mother and learned through the Internet.
- ③ she entered an online school to learn programming.

e ．Ms. Wakamiya feels
- ① she is too old to start new things.
- ② it is difficult to learn something new.
- ③ a computer and the Internet made her world bigger.

8 長文(2) 会話文

□出題のポイント

●会話文の空所に入れるのにもっとも適切な文を選ぶ問題。5か所の空所に6つの選択肢から選んで入れる。

●会話の場面や状況をつかみ，自然な会話文になるようにする。

●空所の直後の応答文が手がかりになることが多い。

●会話の決まり文句を覚えておくことも重要。　　　　　　　▶ p. 43, 44

例題

次の会話文を読んで，(a)〜(e)に入るもっとも適当なものを①〜⑥の中からそれぞれ1つずつ選びなさい。

Waiter : Hi, how are you?

Tom : Fine.　Thank you. ＿＿＿＿＿ (a) ＿＿＿＿＿

Waiter : Here you are.

Tom : Thank you. ＿＿＿＿＿ (b) ＿＿＿＿＿

Waiter : It's roast chicken.

Tom : That sounds good. ＿＿＿＿＿ (c) ＿＿＿＿＿

Waiter : Would you like something to drink?

Tom : Yes, I'll have a glass of water.

Waiter : Certainly, sir.

〈Ten minutes later〉

Waiter : Here you are. ＿＿＿＿＿ (d) ＿＿＿＿＿

Tom : Thank you.

〈A few minutes later〉

Waiter : ＿＿＿＿＿ (e) ＿＿＿＿＿

Tom : Yes, it's very nice.　Thank you.

① Is everything all right?

② Enjoy your meal.

③ What's today's special?

④ I'll have that.

⑤ Can I have the check, please?

⑥ Can I have a menu, please?

（解説）

Waiter「ウェイター」とトムとの会話であることや，roast chicken「ローストチキン」という語句があることから，**レストランでの会話**だとわかる。さらに，最初にウェイターがhow are you?とあいさつしているので，**トムがレストランに入ってすぐの状況**だとわかる。

(a) 直後にウェイターが **Here you are.**「はい，どうぞ」と言っていることに注目。ウェイターはこの言葉を言いながらトムに何かを手渡しているはずなので，**トムは「〜をください」という意味のことを言った**と考えられる。まだ食事が始まる前だから⑤「お勘定をお願いします」はおかしいので，⑥「メニューをもらえますか」が正解。

(b) 直後にウェイターが **It's roast chicken.**「ローストチキンです」と言っているので，**トムは料理について何かを尋ねている**はず。料理に関係する疑問文の③「今日のお勧めは何ですか」が適切。

(c) トムが **That sounds good.**「それはいいですね」と言ったあとの発言。このあとウェイターが **Would you like something to drink ？**「何か飲み物はいかがですか」と言っているので，**料理についての話は(c)で終わっている**はず。④「それをもらいます」を入れれば話の流れに合う。

(d) 料理を注文した10分後の場面で，ウェイターが **Here you are.**「はい，どうぞ」と言っているので，**料理が運ばれてきたところ**だと考えられる。料理をテーブルに置いたときに言う発言として適切なのは，②「食事を楽しんでください」。

(e) **トムが Yes と答えている**のだから，**(e)には疑問文が入る**はず。⑤「お勘定をお願いします」は客が言う言葉なので，おかしい。①は直訳すると「すべては大丈夫ですか，何事も問題ありませんか」という意味だが，レストランなどでは「**料理はいかがですか〔おいしいですか〕**」という意味で使われるので，これが正解。

解答　(a)—⑥　　(b)—③　　(c)—④　　(d)—②　　(e)—①

全訳

ウェイター：こんにちは，調子はどうですか。

　　トム：元気です。ありがとう。(a)⑥メニューをもらえますか。

ウェイター：はい，どうぞ。

　　トム：ありがとう。(b)③今日のお勧めは何ですか。

ウェイター：ローストチキンです。

　　トム：それはいいですね。(c)④それをもらいます。

ウェイター：何か飲み物はいかがですか。

　　トム：はい，水を1杯ください。

ウェイター：承知しました。

〈10分後〉

ウェイター：はい，どうぞ。(d)②食事を楽しんでください。

　　トム：ありがとうございます。

〈数分後〉

ウェイター：(e)①料理はいかがですか。

　　トム：はい，とてもおいしいです。ありがとう。

（例題は第65回）

実 践 演 習

1 次の会話文を読んで，(a)〜(e)に入るもっとも適当なものを①〜⑥の中からそれぞれ1つずつ選びなさい。

Ticket Office :   Can I help you?

Jimmy :   _____ (a)

Ticket Office :   Yes.   _____ (b)

Jimmy :   And what time does it arrive in Chicago?

Ticket Office :   Ten thirty.

Jimmy :   _____ (c)

Ticket Office :   A hundred sixty dollars.

Jimmy :   Can I reserve a seat?

Ticket Office :   Sure.   _____ (d)

Jimmy :   Yes, please.   Do you accept a credit card?

Ticket Office :   Sure.   May I see your credit card?

Jimmy :   _____ (e)

Ticket Office :   Thank you.   Here's your ticket, and this is your receipt.

Jimmy :   Thanks.

Ticket Office :   You're welcome.   Have a nice trip!

① Would you like to buy your ticket now?

② Is there a train to Chicago this afternoon?

③ You can't buy your ticket if you don't have any cash.

④ How much is the fare?

⑤ It leaves at two forty-five.

⑥ Here you are.

▶ p. 43 ①②

2 次の会話文を読んで，(a)〜(e)に入るもっとも適当なものを①〜⑥の中からそれぞれ1つずつ選びなさい。

(第66回)

Carol :   This is a lovely house!

Martha :   Thank you, Carol.   I'm glad you like it.

Carol :   _____ (a)

Martha :   Yes, it is.   I always walk there, even when it rains.

Carol :   I have to take the bus to work.   I live quite far away.

Martha :   _____ (b)

Carol :   Oh, it takes about 20 minutes by bus.

Martha :   That sounds too far to walk.   _____ (c)

Carol :   This is delicious!   Did you make it yourself?

Martha :   Yes.   I usually bake something on the weekend.   _____ (d)

Carol : You're a wonderful cook!

Martha : Thank you. I like doing it.

Carol : _____(e)_____ My husband, David, usually does all the cooking.

Martha : Do you often go out to eat?

Carol : Yes, if he doesn't have enough time to cook.

Martha : There are some wonderful restaurants in the city.

① How long does it take you?

② I don't cook very much.

③ Well, anyway, have a piece of cake.

④ How far is it to the restaurant?

⑤ It's very close to work, isn't it?

⑥ I like having sweets in the house.

3 次の会話文を読んで，(a)～(e)に入るもっとも適当なものを①～⑥の中からそれぞれ１つずつ選びな

さい。 (第68回)

Robert : I love this video game, Ted. Look, I think I'm going to win.

Ted : Really? _____(a)_____

Robert : I'm a wonderful player. Oh no, what's happening?

Ted : Ha! You're going the wrong way. _____(b)_____

Robert : Oh, well. I need to study anyway.

Ted : What? Don't you want to play again?

Robert : Of course I'd like to. _____(c)_____

Ted : You can stay up late tonight and do it.

Robert : Hmm... I don't know. I don't like studying at night. _____(d)_____

Ted : Oh, come on! We're having fun. _____(e)_____

Robert : OK. Maybe just ten more minutes!

Ted : That's great. Let's do our homework after that.

ヒント! I'd like to＝I would like to play again

① How about one more game?

② Shall we play outside?

③ Game over!

④ I can't believe it!

⑤ Also, I usually go to bed early on Sundays.

⑥ But I always do my homework on Sunday afternoon.

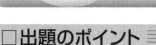

長文(3)　絵と会話文

□ 出題のポイント

●話の順番に並んでいる５枚の絵の内容にあてはまる会話を，５つの選択肢から選ぶ問題。

●登場人物の持ち物や表情，背景など，絵の細かいところもしっかり確認しよう。

●文を読み比べるより絵を見比べるほうが簡単なので，「選択肢にあてはまる絵はどれか」と考えたほうがわかりやすい場合もある。

●選択肢の検討が終わったら，正しい順序で選択肢を読んでみて，絵とストーリーが一致することを確認しよう。

例題

次のa～eの絵は話の順番に並んでいます。それぞれの絵の内容にあてはまる会話を①～⑤の中から1つずつ選びなさい。

a.

b.

c.

d.

e.

①　　Man：Look! We can leave our bags here.

　Woman：That's great. It will be easy to walk around.

②　　Man：We were lucky to catch the train.

　Woman：Yes, we were. I ran so fast that I'm thirsty.

③　　Man：This is the last day of our trip.

　Woman：We still have five hours before we have to come back to this station.

　　Man：Yes. We can look around the city.

④　　Man：We've got some nice presents. Let's go through the ticket gate.

　Woman：Where are our bags? Our bags are still in the locker. Hurry up.

⑤　　Man：I'm quite hungry. Shall we have lunch?

　Woman：This place looks nice. How about here?

解説

　5枚の絵を見ると，男性と女性が京都に旅行に来ている場面のように見える。しかし，絵a.は旅行の最初なのか最後なのかわからないし，絵e.も行きの電車なのか帰りの電車なのかわからない。絵に合う選択肢を探すよりも，選択肢に合う絵を探したほうが簡単。

①　男性が **We can leave our bags here.**「ぼくたちはここにかばんを置いておくことができるよ」と言っているので，ロッカーの前で話している絵b.にあてはまる。

②　男性が We were lucky to catch the train.「電車に間に合ってラッキーだったね」と言っているので，2人が電車の中にいる絵e.にあてはまりそうだが，電車を降りたあとに言っているとも考えられるので，**まだ決定しないでおく。**

③　**女性の this station という発言に注目。**2人は駅にいるとわかるので，**絵a.か絵d.にあてはまる。**

④　男性が Let's go through the ticket gate.「改札を通ろう」と言い，さらに女性が Our bags are still in the locker.「私たちのかばんはまだロッカーの中よ」と言っているので，**改札が描かれていて，絵b.に描かれている旅行かばんを持っていない絵d.にあてはまる会話**だとわかる。また，これにより，**選択肢③は絵a.に決まる。**

⑤　男性が **Shall we have lunch？**「お昼を食べようよ」と言い，女性が **This place looks nice.**「この場所がよさそうよ」と言っているので，寿司屋の前にいる絵c.にあてはまる。

　以上より，**保留にしていた②は絵e.にあてはまる**ことになるので，**③→①→⑤→④→②の順序**となる。

解答　　a.③　　b.①　　c.⑤　　d.④　　e.②

全訳

③男性：これが私たちの旅行の最終日だね。

　女性：この駅に戻らなければならないときまで，まだ5時間あるわ。

　男性：そうだね。市内を見て回れるね。

①男性：見て！　ぼくたちはここにかばんを置いておくことができるよ。

　女性：いいわね。歩き回るのが楽になるわね。

⑤男性：お腹がペコペコだよ。お昼を食べようよ。

　女性：この場所がよさそうよ。ここはどう？

④男性：すてきなおみやげが買えたね。改札を通ろう。

　女性：私たちのかばんはどこ？　私たちのかばんはまだロッカーの中よ。急ぎましょう。

②男性：電車に間に合ってラッキーだったね。

　女性：ええ，そうね。すごく速く走ったから，のどが渇いたわ。　　　　　　　　　　（例題は第65回）

コラム

絵と選択肢の両方から攻める！

　上の解説では選択肢に合う絵を考えたが，もちろん絵に合う選択肢を考えてもよい。大事なのは，1つの方法にこだわりすぎないこと。1つの方法でうまくいかなければ別の方法を試したり，よくわからないものはいったん保留にして別の絵や選択肢を検討したりするなど，柔軟な姿勢で取り組むことが大切だ。

実　践　演　習

1　次のa～eの絵は話の順番に並んでいます。それぞれの絵の内容にあてはまる会話を①～⑤の中から1つずつ選びなさい。

① Ken : Yes, my name is Ken. I came from Japan just a few days ago.

② Tom : Thank you for helping me. I'll buy you a drink. Choose anything you like.

　 Ken : You don't have to do that. It was nothing.

③ Ken : I'll help you ... Oh, here it is!

　 Tom : That's it! Thank you very much. Well, are you a new student?

④ Tom : My name is Tom. I was on my way to the cafeteria for lunch.

　 Ken : Oh, I was going there, too.

⑤ Ken : What's the matter? Are you looking for something?

　 Tom : Yes, I lost my contact lens around here.

ヒント!　That's it!「それそれ（それが私の言っていたものだ）」。「それ」は何を指す？

▶ p. 44 ④

2　次のa～eの絵は話の順番に並んでいます。それぞれの絵の内容にあてはまる会話を①～⑤の中から1つずつ選びなさい。

①   Jim : Well ... I just remember. I put it in my shirt pocket.

   Mother : Your shirt pocket? But you don't have a pen in your pocket now.

     Jim : I changed into this shirt after finishing the letter, and I put the shirt into ... oh!

②   Jim : I'll go and see what's happening ... Wow, I can't believe my eyes! My shirt turned green!

   Mother : And everything in the machine turned green, too. You must be more careful!

③   Jim : Mom, do you know where my pen is?

   Mother : I don't know. Just remember when you used it last.

④   Jim : I put it into the washing machine!

   Mother : What? I started it about an hour ago and I think it's already done.

⑤   Jim : Well, I used it to write a letter this morning.

   Mother : And after that?

> **ヒント！** washing machine「洗濯機」。絵が時の流れどおりになっていないことに注意する。

3   次の a ～ e の絵は話の順番に並んでいます。それぞれの絵の内容にあてはまる会話を①～⑤の中から1つずつ選びなさい。   (第68回)

① Ms. Carter : I enjoyed lunch and had a good time. Mr. Sato, thank you so much.

   Mr. Sato : You're welcome. See you at the meeting next Friday.

② Ms. Carter : Thank you so much, Mr. Sato. We've had a good meeting today.

   Mr. Sato : I agree. Thank you for coming.

③ Ms. Carter : This is delicious and seems healthy.

   Mr. Sato : I'm glad you like it. I usually have lunch here.

   Ms. Carter : You're lucky. Our company doesn't have its own restaurant.

④ Ms. Carter : There're a lot of dishes to choose from. I can't decide.

   Mr. Sato : Everything is nice here. I'll take the dish of the day.

⑤   Mr. Sato : Oh, it's almost noon. Ms. Carter, how about having lunch together at our company restaurant?

Ms. Carter :　Sounds great.　I'm quite hungry now.

ヒント！　まずイラストを見て流れを推測してみよう。

4　次のa～eの絵は話の順番に並んでいます。それぞれの絵の内容にあてはまる会話を①～⑤の中から1つずつ選びなさい。 （第66回）

①　Ken :　We'll get off at the next stop.

　　Meg :　O.K.　I'm excited.　I hope the museum isn't crowded.

②　Meg :　Ken, I hear your painting will be shown at the city museum.　I'd like to see it.

　　Ken :　Really?　Would you like to go there with me this weekend?

　　Meg :　Yes, of course.

③　Meg :　This is your painting, isn't it?　I like it a lot.　You're a great painter.

　　Ken :　Thank you, but ... it's upside down.

④　Meg :　Good morning, Ken.

　　Ken :　Good morning, Meg.　We'll take the bus from over there.

⑤　Meg :　How much is a ticket?

　　Ken :　I have two free tickets.　You don't have to buy one.

　　Meg :　That's great.

ヒント！　クラスメートの2人がしたことを，まずイラストを見て推測してみよう。

①勧誘する表現

□昼食に行こうよ。　　　　　　　　　□**Let's** go for lunch.

□一緒に映画に行かない？　　　　　　□**Do you want to** go to the movies with me？

□一緒に夕食はいかがですか。　　　　□**Would you like to** have dinner with me？

□散歩をするのはどうですか。　　　　□**How[What] about** tak**ing** a walk？

□休憩しませんか。　　　　　　　　　□**Why don't we** take a rest？

□タクシーに乗りませんか。　　　　　□**Why not** take a taxi？

　　□いいね。　　　　　　　　　　　□(That) **Sounds good.**

　　　　　　　　　　　　　　　　　□**Great.**

　　□申し訳ありませんが，無理です。　□**I'm sorry, but** I can't.

　　□残念ながら，ひまではありません。□**I'm afraid** I'm not free.

②許可を求めたり申し出たりする表現

□自転車を借りてもいいですか。　　　□**Can[May] I** use your bike？

　　□もちろん。　　　　　　　　　　□**Certainly.**

　　　　　　　　　　　　　　　　　□**Of course.**

　　□どうぞ。　　　　　　　　　　　□**Go ahead.**

　　　　　　　　　　　　　　　　　□**Yes, please.**

　　□だめです。　　　　　　　　　　□**No.**

　　　　　　　　　　　　　　　　　□**I'm sorry** you can't.

□窓を閉めてもかまいませんか。　　　□**Do[Would] you mind if** I close the window？

　　□かまいませんよ。　　　　　　　□**Not at all.**

□ドアを開けましょうか。　　　　　　□**Shall I** open the door？

　　□お願いします。　　　　　　　　□**Yes, please.**

　　□ありがとう。　　　　　　　　　□**Thank you.**

　　□そのままでけっこうです。　　　□**No, thank you.**

③相手に頼むときの表現

□窓を閉めてください。　　　　　　　□**Please** close the window.

□本を取ってくれない？　　　　　　　□**Will[Can] you** pass me the book？

□お水をいただけませんか。　　　　　□**Would[Could] you** (**please**) give me some water？

　　□いいですよ。　　　　　　　　　□**All right.**

　　　　　　　　　　　　　　　　　□**Sure.**

　　　　　　　　　　　　　　　　　□**OK.**

□お願いがあるのですが。　　　　　　□**Will[Can] you** do me a favor？

④相手の様子を尋ねる表現

□どうしてた？　　　　　　　　　□How have you been？

□元気？　　　　　　　　　　　　□How are you？

□調子はどう？　　　　　　　　　□How's it going？

　　　　　　　　　　　　　　　　□How's everything？

　　　□元気だよ。　　　　　　　　　□Great.

　　　□特に変わりはないよ。　　　　□Nothing special.

　　　□あまりよくないね。　　　　　□Not so good.

□どうしたの？　　　　　　　　　□What's the matter？

　　　　　　　　　　　　　　　　□What's up？

　　　　　　　　　　　　　　　　□What's wrong with you？

⑤電話やお店での決まった言い方

◆電話で

□もしもし。　　　　　　　　　　□Hello.

□ケンです。　　　　　　　　　　□This is Ken.

□アキをお願いします。　　　　　□May I speak to Aki？

　　　□私です。　　　　　　　　　　□It's me.

　　　　　　　　　　　　　　　　□Speaking.

　　　□お待ちください。　　　　　　□Hold on, please.

　　　□申し訳ありませんが，彼女は今外出中です。　　□Sorry, she's out now.

　　　□番号をお間違えだと思います。　　□I'm afraid you have the wrong number.

□伝言をお願いしてもいいですか。　□May I leave a message？

　　　□伝言をおうかがいしましょうか。　□May I have[take] your message？

□またかけ直します。　　　　　　□I'll call again.

◆お店で

□いらっしゃいませ。　　　　　　□May[Can] I help you？

□何をお探しですか。　　　　　　□What are you looking for？

　　　□見ているだけです。　　　　　□I'm just looking.

　　　□スーツケースはありますか。　□Do you have suitcases？

　　　□これを試着してもいいですか。　□Can I try this on？

　　　□別の色のを見せてください。　□Please show me another color.

　　　□これにします。　　　　　　　□I'll take it.

□こちらでお召し上がりですか，それともお持ち帰りですか。

　　　　　　　　　　　　　　　　□For here or to go？

　　　□持ち帰りでお願いします。　□To go, please.

□これはいくらですか。　　　　　□How much is this？

　　　□10ドルです。　　　　　　　□It's ten dollars.

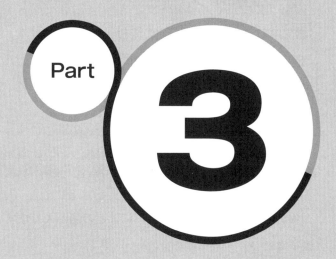

Part **3**

Writing

10 適語選択

□出題のポイント

●文中の（　）に入れるのにもっとも適切な語を，3つの選択肢の中から1つ選ぶ問題。

●単語・イディオムや文法の知識が問われるので，1つずつ確実に覚えておこう。　　▶ p. 58〜62

●用法の紛らわしい語句が選択肢に出題されるので，文法書や問題集の解説を読んで，正しく使い分けられるようにしよう。

例題

　次のa〜eの英文の（　）にはどの語が入りますか。もっとも適当なものを①〜③の中から1つずつ選びなさい。

a．Ken can run fastest（① for　② in　③ of）all these boys.

解説

　fastest は副詞 fast「速く」の最上級。**最上級の形容詞や副詞のあとには〈in＋範囲〉か〈of＋集団〉がくる。**（　）のあとの **all these boys**「これらの少年たち全員」は〈集団〉にあたるので，③ of が正解。in のあとには Japan「日本」や my class「私のクラス」などがくることを覚えておこう。

解答　③

訳　ケンはこれらの少年たち全員の中で一番速く走ることができます。

b．I love dogs.　Do you have（① each　② it　③ one）?

解説

　1文目の内容から考えると，（　）のある文は「あなたはイヌを飼っていますか」という意味になるはず。①each は「それぞれ，おのおの」という意味なので，「あなたはそれぞれのイヌを飼っていますか」という意味になり，不自然。②it と③one には，**it は特定できる名詞を指し，one は不特定の名詞を指す**という違いがある。「イヌを飼っていますか」というときの「イヌ」はどんな種類でもよいのだから，不特定の「イヌ」である。このような場合は③one を使う。

解答　③

訳　私はイヌが大好きです。あなたはそれを飼っていますか。

c．A：Are you（① free　② ready　③ sorry）to order?
　　B：Yes.　I'll have a cheese sandwich, please.

解説

　Aの発言の中にorder「〜を注文する」という語があることや，Bの「チーズサンドイッチをください」という発言から，レストランで食事の注文をしている場面だとわかる。**be ready to *do* は「〜する準備ができている」**という意味を表し，**Are you ready to order?** で「あなたは注文をする準備が

できていますか」，つまり「**ご注文はお決まりですか**」という意味になるので，②ready が正解。なお，be free to *do* は「自由に～できる」，be sorry to *do* は「～してすまなく思う」という意味を表すので，一緒に覚えておこう。

解答 ②

訳 A：ご注文はお決まりですか。

B：はい。チーズサンドイッチをください。

---

d．A： How（① far　② long　③ much）is it from here to Tokyo station？

B： It's about 500 meters.

解説

B が「約500メートルです」と答えているので，A はここから東京駅までの距離を尋ねているとわかる。**距離を尋ねるには How far ～？を使うので，①far が正解。How long ～？は所要期間や時間，または物の長さを尋ねるときに使う。**How far と How long は混同しやすいので注意しよう。また，How much ～？は「～はいくらですか」と値段を尋ねるときに使う表現。

解答 ①

訳 A：ここから東京駅まではどのくらいですか。

B：約500メートルです。

---

e．This soup（① hears　② sounds　③ tastes）too salty！

解説

soup は「スープ」。salty は「しょっぱい」という意味の形容詞。「（主語は）～の味がする」というときは，動詞に **taste** を使うので，③が正解。①の hear は「～を聞く，～が聞こえる」という意味なので，文の意味に合わない。②の sound は〈sound＋形容詞〉で「～に思われる，～に聞こえる」という意味を表すので，やはり文の意味に合わない。

解答 ③

訳 このスープはあまりにもしょっぱい味がします！

(例題は第65回)

コラム

意味だけでなく用法も理解しよう！

問題 [10] では以下のようなタイプの問題が出題されている。

①**単語の意味を問う問題**：選択肢の単語の意味がわかれば解ける。

②**イディオムを問う問題**：イディオムの中の前置詞を問われることが多い。

③**紛らわしい用法の語句を問う問題**：例題 a.の in と of や，例題 b.の it と one のように，用法を正確に覚えていないと解けない問題が出題される。

このような知識を増やしていくために，問題集や過去問を解くときに，正解以外の選択肢についても調べるようにしよう。　　　　▶ p. 58～62

Part 3 Writing

実 践 演 習

1 次のa～eの英文の（　）にはどの語が入りますか。もっとも適当なものを①～③の中から1つずつ選びなさい。

a. I met a friend of (① you ② your ③ yours) on the street yesterday.
b. Both Ken and I (① am ② is ③ are) fond of soccer. **ヒント!** 文の主語は何？
c. She (① made ② had ③ took) care of her brother.
d. I like fruit. (① At ② In ③ For) example, I like apples very much.
e. Don't leave me (① alone ② nothing ③ one). I will follow you.

2 次のa～eの英文の（　）にはどの語が入りますか。もっとも適当なものを①～③の中から1つずつ選びなさい。

a. The boy fell (① sleep ② sleepy ③ asleep) soon after he went to bed.
b. Thanks (① on ② to ③ at) your advice, I could finish my report.
c. Hurry up, (① and ② or ③ but) you will miss the train.
d. His story always (① makes ② has ③ takes) me laugh. ▶ p. 59 ②
e. I have two sisters. One is a college student and (① another ② other ③ the other) works for a bank.

ヒント! 「(2人のうち)1人は～，もう1人は…」というときに，one と呼応して用いられるのは？

3 次のa～eの英文の（　）にはどの語句が入りますか。もっとも適当なものを①～③の中から1つずつ選びなさい。 （第62回）

a. Can you help me (① at ② in ③ with) my homework?
b. A : How did you come here?
   B : I came here on (① hand ② head ③ foot).
c. There is (① a few ② a little ③ few) milk in my cup.
d. I caught a cold, (① because ② for ③ so) I didn't go swimming yesterday.
e. The old man (① got ② took ③ turned) off the train slowly.

4 次のa～eの英文の（　）にはどの語が入りますか。もっとも適当なものを①～③の中から1つずつ選びなさい。 （第64回）

a. I will go to America (① for ② in ③ to) the first time.
b. The (① power ② price ③ space) of this refrigerator is $500.
c. Computers are (① softly ② loudly ③ widely) used around the world by people of all age groups.
d. A : (① How ② When ③ Who) do you go to school?
   B : I walk to school.
e. I (① studied ② slept ③ stayed) up late last night to finish my homework.

48

5 次のa～eの英文の（　　）にはどの語が入りますか。もっとも適当なものを①～③の中から１つずつ選びなさい。 （第66回）

a．Thanks（① in　② of　③ to）my uncle, I got a job.

b．A : Which（① season　② song　③ subject）do you like best ?

　　B : I like summer best.

c．A : What's（① bad　② hard　③ wrong）with you ?

　　B : I have a headache.

d．I（① gave　② looked　③ changed）Japanese yen into American dollars.

　　　　　　　　ヒント！　change A into B の A と B が通貨である場合の意味は？

e．I saw a big dog on my way home and I ran away（① kindly　② quickly　③ widely）.

6 次のa～eの英文の（　　）にはどの語が入りますか。もっとも適当なものを①～③の中から１つずつ選びなさい。 （第68回）

a．Shibusawa Eiichi was born（① at　② in　③ on）1840.

b．We played baseball near the（① bank　② base　③ book）of a river.

c．A : Is this your（① first　② free　③ full）trip to Japan ?

　　B : No, this is my second time.

d．Can you（① get　② make　③ tell）me the way to the station ?

　　　　　　　　ヒント！　「（人）に～へ行く道を教える」という意味を表すには？

e．Would you like a cup of tea（① before　② until　③ while）you're waiting ?

7 次のa～eの英文の（　　）にはどの語が入りますか。もっとも適当なものを①～③の中から１つずつ選びなさい。 （第59回）

a．The storm lasted（① for　② from　③ on）five days.

b．A（① kettle　② knife　③ knock）is used to boil water.

c．We don't have（① no　② some　③ any）time to play video games today.

d．Either my brother（① and　② nor　③ or）I must clean our room.

e．We（① arrived　② got　③ reached）at the station at ten o'clock.

8 次のa～eの英文の（　　）にはどの語が入りますか。もっとも適当なものを①～③の中から１つずつ選びなさい。 （第60回）

a．My father works from Monday（① in　② on　③ to）Friday.

b．I am going to go to the（① museum　② police　③ zoo）to look at arts.

c．Her story is（① delicious　② healthy　③ surprising）and moving.

d．Put on your coat,（① and　② but　③ or）you will catch a cold.

　　　　　　　　ヒント！　〈命令文, or ...〉「～しなさい，さもないと…」,〈命令文, and ...〉「～しなさい，そうすれば…」

e．My sister（① gives　② looks　③ warms）up new words in a dictionary.

11 語形変化

□出題のポイント

- ●3つの選択肢の中から文法的に正しい語形となる語を1つ選ぶ問題。
- ●代名詞や形容詞〔副詞〕の変化形，動詞の活用形，分詞などがよく出題される。　▶ p. 58〜61
- ●基本的な文法の知識で解答を導けるため，基本を正しく理解することが大切である。　▶ p. 62 ① ②

例 題

　次のa〜eの英文の（　　）にはどの語が入りますか。もっとも適当なものを①〜③の中から1つずつ選びなさい。

a．Japanese people take off（① they　② their　③ them）shoes at home.

（解説）

　（　　）のあとにshoes「靴」という名詞があるので，（　　）には所有格の②their が入り，their shoes で「彼らの靴」となる。take off 〜「〜を脱ぐ」　at home「家で」

　　　図解　Japanese people take off **their** shoes at home.
　　　　　　　　　　　　「〜を脱ぐ」「彼らの」「靴」

（解答）　②

訳　日本人は家では靴を脱ぎます。

b．The yen（① fall　② fell　③ fallen）against the dollar yesterday.

（解説）

　The yen「（通貨の）円」が主語で，（　　）内の語が動詞。文末に yesterday があるので，過去形の②fell が正解。fall「落ちる」は fall – fell – fallen と活用する。against はここでは「〜と比べて」という意味で，fall against 〜で「〜に対して下落する」という意味を表す。

　　　図解　The yen **fell** against the dollar yesterday.
　　　　　　　　fall「落ちる」の過去形

（解答）　②

訳　昨日，円はドルに対して下落しました。

c．All goods（① sell　② sold　③ selling）in this shop are 100 yen.

（解説）

　All goods が文の主語で，are が動詞。（　　）in the shop は goods を修飾していると判断する。選択肢は sell「〜を売る」の活用形なので，goods「商品」と「売る」の意味関係を考えると，**「商品は売られる」という受け身の関係が成り立つので，過去分詞の②sold が適する**。③selling では「商品が何かを売っている」ということになってしまい，おかしい。また，All goods に対応する動詞は are なので，①sell を入れると1つの文に動詞が2つあることになってしまい，おかしい。

図解 All goods **sold** in this shop are 100 yen.
主語 ┗過去分詞で始まる語句 動詞

解答 ②

訳 この店で売られているすべての商品は100円です。

---

d. Could I (① use ② uses ③ used) your dictionary?

解説

助動詞 could が使われている疑問文。Could I ～? で「～してもいいですか」という意味。助動詞のある疑問文は〈助動詞＋主語＋動詞の原形 ～?〉の語順になるので，（ ）には**動詞の原形である**①**use** が入る。②uses のように，動詞に3人称単数現在のsがついている形を助動詞のあとに置くことはできない。また，③used は過去形または過去分詞なので，やはり助動詞のあとに置くことはできない。

図解 Could I **use** your dictionary?
助動詞 動詞の原形

解答 ①

訳 あなたの辞書を使ってもいいですか。

---

e. This is the (① much ② more ③ most) difficult book I have ever read.

解説

（ ）の前に the がついていることに注目する。最上級の形容詞の前には the がつくことを思い出せば，③**most** が選べるはず。the most difficult book I have ever read で「私が今までに読んだもっとも難しい本」という意味になる。I have ever read は関係代名詞節で，目的格の関係代名詞 that が省略されている。現在完了 have read は「読んだことがある」という経験を表している。

図解 This is the **most** difficult book (that) I have ever read.
the＋最上級 名詞┗ 関係代名詞節

解答 ③

訳 これは私が今までに読んだもっとも難しい本です。

(例題は第65回)

コ ラ ム

基本的な文法事項を確認しよう！

問題 11 で出題されるのは，「yesterday があったら動詞は過去形」「助動詞のあとの動詞は原形」「than の前には比較級がくる」「since があったら現在完了または現在完了進行形」「前置詞のあとは動名詞」など，基本的な文法事項がほとんどだ。逆に言えば，基本をおろそかにしていると，正答率の高い問題で間違えてしまい，ほかの受検者と差がついてしまう。試験前に基本的な文法事項を確認しておこう。　　　　　　　　　▶ p. 58～62

実践演習

1　次のa～eの英文の（　　）にはどの語句が入りますか。もっとも適当なものを①～③の中から1つずつ選びなさい。

a．This library was（① make　② made　③ making）fifteen years ago.

b．They decided（① discuss　② discussing　③ to discuss）the matter.

c．Her mother let her（① go　② went　③ to go）to the party.　　　　▶ p. 59 ②

d．A：Who beat you？

　　B：John（① does　② did　③ do）.　　　　ヒント！ beat の表す時制は？

e．I want you（① coming　② to come　③ come）with me.

2　次のa～eの英文の（　　）にはどの語句が入りますか。もっとも適当なものを①～③の中から1つずつ選びなさい。

a．My sister（① reads　② read　③ was reading）a book when I entered the room.

b．Did you enjoy（① to play　② play　③ playing）baseball with them？

c．We were happy（① hear　② to hear　③ heard）the news.

d．I showed her a letter（① send　② sending　③ sent）to me by Tom.　　　　▶ p. 60 ③

e．This is（① exciting　② more exciting　③ the most exciting）movie that I have ever seen.

3　次のa～eの英文の（　　）にはどの語が入りますか。もっとも適当なものを①～③の中から1つずつ選びなさい。　　　　（第64回）

a．I met your sister yesterday.　Do you live with（① she　② her　③ hers）？

　　　　ヒント！ 前置詞の後ろに来る人称代名詞の活用はどうなるか？

b．She is often（① mistake　② mistook　③ mistaken）for her sister.

c．My favorite thing is（① watch　② watched　③ watching）movies.

d．This ceiling is not as（① low　② lower　③ lowest）as the old one.

e．I have（① visit　② visited　③ visiting）Kyoto three times.

4　次のa～eの英文の（　　）にはどの語句が入りますか。もっとも適当なものを①～③の中から1つずつ選びなさい。　　　　（第62回）

a．Ken told（① we　② our　③ us）that he bought new shoes.

b．Both Jack and I（① is　② am　③ are）in the same class.

　　　　ヒント！ both A and B「AもBも両方とも」は単数扱いか，それとも複数扱いか？

c．My brother wrote the report with（① surprise　② surprising　③ surprised）speed.

d．（① Get　② Got　③ Getting）up early in the morning is good for your health.

e．He（① starts　② started　③ will start）to read the book an hour ago.

5 次のa～eの英文の（　　）にはどの語が入りますか。もっとも適当なものを①～③の中から1つずつ選びなさい。 （第66回）

a．I met Mary yesterday. She was with（① she　② her　③ hers）father.

b．I want to visit Canada when I（① grow　② grew　③ grown）up.

c．Did you and Tom go（① shop　② shopped　③ shopping）in Tokyo yesterday？

ヒント！ 「～しに行く」という意味を表すには？

d．A：Is your father（① wash　② washed　③ washing）the dishes in the kitchen？

　　B：Yes, he is.

e．This book is as（① interest　② interested　③ interesting）as that book.

6 次のa～eの英文の（　　）にはどの語が入りますか。もっとも適当なものを①～③の中から1つずつ選びなさい。 （第68回）

a．I want to be a good friend of（① you　② your　③ yours）.

b．We（① sing　② sang　③ singing）that song in music class yesterday.

c．A：How long will you be（① stay　② stayed　③ staying）at this hotel？

　　B：For two weeks.

ヒント！ 「～することになっている」という未来の予定を表すには？

d．I like summer（① well　② better　③ best）than winter.

e．My sister bought a（① use　② used　③ using）car this month.

7 次のa～eの英文の（　　）にはどの語が入りますか。もっとも適当なものを①～③の中から1つずつ選びなさい。 （第59回）

a．She has a brother and a sister. Both of（① they　② their　③ them）are 17 years old.

b．I thought that my father（① work　② worked　③ working）hard.

c．Do you know the girl（① play　② played　③ playing）the guitar over there？

d．I read at（① little　② less　③ least）one book every week.

e．He has（① be　② being　③ been）playing soccer since this morning.

8 次のa～eの英文の（　　）にはどの語が入りますか。もっとも適当なものを①～③の中から1つずつ選びなさい。 （第60回）

a．A friend of（① my　② me　③ mine）helped me with my homework.

b．How many people（① be　② is　③ are）there in your office？

ヒント！ There is［are］～. の文で，be動詞を単数にするか複数にするかは何で決まるのか？

c．You shouldn't（① eat　② ate　③ eating）in the library.

d．A：Which is the（① short　② shorter　③ shortest）month of the year？

　　B：February is.

e．You went shopping yesterday,（① don't　② doesn't　③ didn't）you？

12 語順整序

□出題のポイント

- ●文中の３つの語句を正しい語順に並べかえる問題。日本語で文の意味が与えられている。
- ●主に文法の知識が問われる。問題 11 よりやや難しめの内容が問われることが多い。▶ p. 58〜61
- ●関係代名詞の省略，現在完了の疑問文，〈動詞＋目的語＋不定詞〉，〈疑問詞＋不定詞〉などがよく出題されている。
- ●日本語と英語を見比べて，主語と動詞，修飾する語とされる語などの文の構造を見極めることが大切。

例題

次のａ〜ｅの日本語の意味を表すには，英文の（　）の中の語句をどのように並べたらよいですか。正しい順序のものを①〜④の中から１つずつ選びなさい。

ａ. このコンピュータは私のために購入されました。

This computer（1. **bought**　2. **for**　3. **was**）**me.**

［① 1-3-2　② 2-1-3　③ 3-1-2　④ 3-2-1］

（解説）

与えられている日本語に「**購入されました**」という**受け身**の表現が使われていることに注目する。（　）内に buy「〜を買う」の過去形・過去分詞である bought と，be 動詞の was があるので，「**購入されました**」は**受動態 was bought** で表すとわかる。前置詞 for「〜のために」は me の前に置けば，「私のために」という意味を表すことができる。以上より，was bought for となるので，③3-1-2 が正解。

図解　This computer **was bought for** me.
受動態「〜される」

（解答）　③

ｂ. 私にとってその質問に答えるのは簡単でした。

It was easy（1. **to**　2. **for**　3. **me**）**answer the question.**

［① 1-2-3　② 1-3-2　③ 2-1-3　④ 2-3-1］

（解説）

日本語の主語は「その質問に答える（こと）」だが，英語の主語は **It** になっているので，形式主語構文〈**It is 〜（for＋人）＋to do**〉「（（人）にとって）…するのは〜だ」の形だと判断する。〈for＋人〉の部分を for me にし，不定詞を to answer にすればよいので，④2-3-1 が正解。

図解　It was easy **for me** to answer the question.
形式主語　　for＋人　　不定詞

（解答）　④

ｃ. 私は誰がこの詩を書いたのか知りたいです。

I want to know（1. **who**　2. **this poem**　3. **wrote**）．

［① 1-2-3　② 1-3-2　③ 2-1-3　④ 2-3-1］

解説

I want to know は「私は〜を知りたいです」という意味なので，（　　）には「誰がこの詩を書いたのか」という意味を表す語句が入る。**「誰が〜か」のような疑問文が，より大きな文の一部として組み込まれる場合は，〈疑問詞＋主語＋動詞〉の語順になる。** この文の場合，who「誰が」が主語も兼ねているので，〈疑問詞（＝主語）＋動詞〉すなわち who wrote this poem となるので，②1-3-2 が正解。

図解　I want to know | who wrote this poem |.
　　　　　　　　　　　疑問詞（＝主語）　動詞　　　　間接疑問

解答　②

---

d. あなたはもう宿題を終えましたか。

Have（1. **your homework**　2. **finished**　3. **you**）**yet?**

[① 1-3-2　② 2-1-3　③ 3-1-2　④ 3-2-1]

解説

日本語が「もう〜しましたか」となっていて，英文が Have で始まっているので，現在完了の疑問文だと判断する。**現在完了の疑問文は〈Have＋主語＋過去分詞 〜?〉の語順**になるので，Have you finished となる。your homework「あなたの宿題」は finished の目的語にあたるので，finished の直後に置く。以上より，you finished your homework となるので，④3-2-1 が正解。

図解　Have **you finished** your homework yet?
　　　　　　└─────┘
　　　　　　　現在完了

解答　④

---

e. これは私の祖父が住んでいた家です。

This is（1. **where**　2. **the house**　3. **my grandfather**）**lived.**

[① 2-1-3　② 2-3-1　③ 3-1-2　④ 3-2-1]

解説

日本語を見ると，「私の祖父が住んでいた」が「家」を説明していることがわかるので，英語でも同じように，the house「家」の後ろに「私の祖父が住んでいた」を表す語句を続ければよい。**where を関係副詞**として使えば，the house where my grandfather lived で「私の祖父が住んでいた家」を表すことができる。よって，①2-1-3 が正解。

図解　This is **the house** | where my grandfather lived |.
　　　　　　　　　　　└───┘関係副詞

解答　①

（例題は第65回）

コ ラ ム

選択肢だけ見て「なんとなく」で並べない！

　語順整序では，選択肢の部分だけを見てなんとなく並べかえてしまうと，できあがった英文が日本語の意味と違ってしまうこともある。文法からアプローチできない場合は，日本語を見て，並べかえる部分が日本語のどの部分に対応するかをつかむ。そして，空欄外に与えられた英語とのつながりを考えて，意味のまとまりを作りながら，英文を完成させていこう。できあがった英文を見て，日本文の意味を表しているかどうかを改めて確認することも大切だ。

実践演習

1　次のa～eの日本語の意味を表すには，英文の（　　）の中の語句をどのように並べたらよいです
か。正しい順序のものを①～④の中から1つずつ選びなさい。

a．私のおじは私に古いカメラをくれました。

My uncle（1. his old camera　2. me　3. gave）.

［① 1-3-2　② 2-3-1　③ 3-1-2　④ 3-2-1］　　　　　　　　　　▶ p. 61 ④

b．私は通りで男性に話しかけられました。

I was（1. by　2. spoken　3. to）a man on the street.

［① 2-1-3　② 2-3-1　③ 3-1-2　④ 3-2-1］

c．ゆっくりしていてください。

Please（1. at　2. yourself　3. make）home.

［① 1-2-3　② 2-1-3　③ 3-1-2　④ 3-2-1］

d．彼は忙しすぎて会議に来ることができませんでした。

He was（1. to　2. busy　3. too）come to the meeting.

［① 1-2-3　② 2-1-3　③ 2-3-1　④ 3-2-1］

e．明かりをつけて眠らないで。

Don't sleep（1. on　2. with　3. the lights）.

［① 1-3-2　② 2-1-3　③ 2-3-1　④ 3-1-2］　　　　ヒント！〈付帯状況〉を表す with。

2　次のa～eの日本語の意味を表すには，英文の（　　）の中の語句をどのように並べたらよいで
すか。正しい順序のものを①～④の中から1つずつ選びなさい。

a．このコンピュータの使い方を教えてくれませんか。

Can you tell me（1. use　2. to　3. how）this computer?

［① 2-1-3　② 2-3-1　③ 3-1-2　④ 3-2-1］

b．彼らは赤ちゃんをアキと名づけました。

They（1. Aki　2. their baby　3. named）.

［① 1-2-3　② 2-1-3　③ 3-1-2　④ 3-2-1］　　　　　　　　　　▶ p. 61 ④

c．これは母が作ったケーキです。

This is（1. by　2. made　3. the cake）my mother.

［① 2-1-3　② 2-3-1　③ 3-1-2　④ 3-2-1］

d．私がその問題に答えるのは簡単でした。

It was easy（1. to　2. for　3. me）answer the question.

［① 1-2-3　② 1-3-2　③ 2-1-3　④ 2-3-1］

e．私はその自転車を買うのに十分なお金を持っています。

I have（1. to　2. enough　3. money）buy the bicycle.

［① 2-1-3　② 2-3-1　③ 3-1-2　④ 1-3-2］

3　次のa〜eの日本語の意味を表すには，英文の（　　）の中の語句をどのように並べたらよいです
か。正しい順序のものを①〜④の中から１つずつ選びなさい。　　　　　　　　　　　　（第68回）

a．彼の机はたくさんの書類で覆われています。

His desk（1. covered　2. with　3. is）a lot of papers.

［① 1-3-2　② 2-1-3　③ 3-1-2　④ 3-2-1］

b．あなたに明日メールを送ります。

I will（1. you　2. an email　3. send）tomorrow.

［① 1-3-2　② 2-1-3　③ 3-1-2　④ 3-2-1］

c．私は店員にどこに座ればよいか尋ねました。

I asked a store clerk（1. to　2. where　3. sit）.

［① 1-3-2　② 2-1-3　③ 3-1-2　④ 3-2-1］

d．バスケットボールをしている少年は私の弟です。

The boy（1. is　2. basketball　3. playing）my brother.

［① 1-2-3　② 1-3-2　③ 3-1-2　④ 3-2-1］

e．あなたのスーツケースに入っているものを見せてください。

Show me（1. what　2. have　3. you）in your suitcase.

［① 1-3-2　② 2-3-1　③ 3-1-2　④ 3-2-1］　　　　　ヒント! この what は関係代名詞。

4　次のa〜eの日本語の意味を表すには，英文の（　　）の中の語句をどのように並べたらよいで
すか。正しい順序のものを①〜④の中から１つずつ選びなさい。　　　　　　　　　　　（第66回）

a．その手紙は英語で書かれていました。

The letter（1. in　2. was　3. written）English.

［① 1-3-2　② 2-1-3　③ 2-3-1　④ 3-1-2］

b．昨晩は忙しくてテレビを見ることができませんでした。

I was（1. busy　2. to　3. too）watch TV last night.

［① 1-3-2　② 2-1-3　③ 3-1-2　④ 3-2-1］

c．あなたはなんて美しい花を持っているのでしょう。

What（1. a beautiful flower　2. have　3. you）！

［① 1-2-3　② 1-3-2　③ 2-3-1　④ 3-1-2］　　　　　ヒント! what を使った感嘆文の語順は？

d．姉からもらったプレゼントはとてもすばらしい。

The present（1. by my sister　2. is　3. given）very nice.

［① 1-3-2　② 2-1-3　③ 2-3-1　④ 3-1-2］

e．何度東京へ行ったことがありますか。

How many times（1. been　2. you　3. have）to Tokyo？

［① 2-1-3　② 2-3-1　③ 3-1-2　④ 3-2-1］

まとめて チェック！(3)　文法

①比較を表す文

(1)　原級（形容詞・副詞のもとの形）を使った比較表現

> 〈as＋形容詞〔副詞〕の原級＋as ...〉「…と同じくらい〜」

（例）　I am as tall as Mike.（私はマイクと同じくらいの背の高さだ）

◇形容詞が名詞を修飾するときは〈as＋形容詞＋名詞＋as ...〉の語順になる

（例）　I have as many books as he.（私は彼と同じ数の本を持っている）

◇「…ほど〜ない」〈not as 〜 as ...〉

（例）　She is not as tall as I.（彼女は私ほど背が高くない）

◇倍数表現　〈twice[three times, half] as 〜 as ...〉「…の2倍〔3倍，半分〕〜」

（例）　His room is twice as large as mine.（彼の部屋は私の部屋の2倍の大きさだ）

(2)　比較級を使った比較表現

> 〈形容詞〔副詞〕の比較級＋than ...〉「…よりも〜」

（例）　He is taller than his father.（彼は父親よりも背が高い）

◇「…ほど〜ない」〈less＋原級＋than ...〉 ＊less のあとは比較級でなく原級

（例）　This question is less difficult than that one.（この問題はあの問題ほど難しくはない）

◇比較級を強調する語句much，far は比較級の前に置く

（例）　He runs much faster than I.（彼は私よりずっと速く走る）

(3)　最上級を使った比較表現

> 〈(the) ＋形容詞〔副詞〕の最上級＋in / of ...〉「…の中でもっとも〜」

（副詞の最上級には the がつかないこともある）

（例）　She is the tallest in her family.（彼女は家族の中でもっとも背が高い）

◇最上級の文での in と of の使い分け

□in のあとには範囲を表す語句がくる

（例）　in my family「私の家族の中で」, in Japan「日本で」, in this town「この町で」

□of のあとには複数を表す語句がくる

（例）　of the three「3人〔3つ〕の中で」, of us all「私たち全員の中で」

◇「もっとも〜でない」〈the least＋原級〉 ＊the least のあとは最上級でなく原級

（例）　This is the least important matter.（これはもっとも重要でない用件だ）

◇最上級を強調する語句much, by far は最上級の前に置く

（例）　Her speech was by far the best.（彼女のスピーチがずば抜けて最高だった）

◇「2番目・3番目…」の表現　〈the second[third] ＋最上級〉「2番目〔3番目〕に〜」

（例）　This is the third longest river in this city.（これがこの市で3番目に長い川だ）

②不定詞

(1) 不定詞の用法

◇名詞用法「～すること」

(例)　To play tennis is a lot of fun.（テニスをするのは，とてもおもしろい）

◇形容詞用法「～すべき，～するための」

(例)　We have a lot of work to do today.（私たちには，今日しなければならない仕事がたくさんある）

◇副詞用法「～するために」〈目的〉，「～して」〈原因〉，「～するとは」〈根拠〉など

(例)　He left home early to catch the first train.（始発電車に乗るために，彼は早く家を出た）

(例)　I am happy to meet you.（あなたにお会いできてうれしいです）

(例)　She was brave to save the child.（その子どもを助けるとは，彼女は勇敢だった）

(2) 不定詞の否定と意味上の主語

◇不定詞を否定するときは not や never を不定詞の前に置く

(例)　I promised not to be late.（私は遅れないと約束した）

　　　＊「～しないように」という目的を表す場合はふつう，in order not to *do* や so as not to *do* を使う。

◇不定詞の意味上の主語は〈for ～〉（または〈of ～〉）の形を不定詞の前に置く

(例)　It was easy for me to answer the question.（私がその質問に答えるのは簡単だった）

(例)　It is kind of you to help me.（私を手伝ってくださってありがとうございます）

　　　＊形容詞が人の性質や特徴を表す場合

(3) 注意すべき表現

◇〈ask＋O＋to 不定詞〉「O に～するよう頼む」

(例)　He asked me to come early.（彼は私に早く来るよう頼んだ）

この形をとる動詞：tell「～するように言う」，want「～することを望む」，would like「～することを望む」

◇〈have＋O＋原形不定詞〉「O に～させる，してもらう」
　〈let＋O＋原形不定詞〉「O に～させる，させてやる」
　〈make＋O＋原形不定詞〉「O に～させる」

原形不定詞＝動詞の原形。to 不定詞ではないことに注意。

(例)　I had my aunt make a doll.（私はおばに人形を作ってもらった）

(例)　Tom let me use his computer.（トムは私にコンピュータを使わせてくれた）

(例)　She made me enter the room.（彼女は私にその部屋へ入らせた）

◇〈see＋O＋原形不定詞〉「O が～するのを見る」
　〈hear＋O＋原形不定詞〉「O が～するのを聞く」
　〈feel＋O＋原形不定詞〉「O が～するのを感じる」

(例)　I saw her cross the street.（私は彼女が通りを横切るのを見た）

(例)　We heard the girl speak English.（私たちはその少女が英語を話すのを聞いた）

(例)　I felt someone touch my shoulder.（私は誰かが肩にさわるのを感じた）

この形をとる動詞：listen to「～するのを聞く」，look at「～するのを見る」　など

③分詞

(1)　分詞の形容詞用法：分詞が名詞を修飾する

◇ 現在分詞（動詞の ing 形）「〜している，〜する」

名詞と現在分詞は能動の関係。

分詞が1語のときは名詞の前に置く。分詞がほかの語句をともなうときは名詞のあとに置く。

（例）　Look at the sleeping baby.（眠っている赤ちゃんを見て）

　　　Look at the baby sleeping in the bed.（ベッドで眠っている赤ちゃんを見て）

◇ 過去分詞「〜される，〜された」

名詞と過去分詞は受け身の関係。

（例）　Look at the broken glass.（割れたコップを見て）

　　　Look at the glass broken by Ken.（ケンによって割られたコップを見て）
　　　　　　　　　　　　　　　　　　　（ケンが割ったコップを見て）

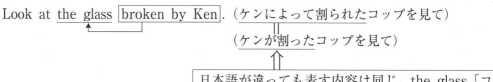

> 日本語が違っても表す内容は同じ。the glass「コップ」と
> break「〜を割る」の関係を考えることがポイント。

(2)　形容詞化した分詞

◇ exciting「(物事が) わくわくする，興奮する」，excited「(人が) 興奮した，わくわくした」

動詞exciteは「(人) を興奮させる」という意味。

（例）　The game was very exciting.（その試合はとても興奮させるものだった）

（例）　He was very excited.（彼はとても興奮していた）

◇ interesting「(物事が) おもしろい，興味深い」，interested「(人が) 興味のある」

動詞interestは「(人) に興味を持たせる」という意味。

（例）　The book was interesting.（その本はおもしろかった）

（例）　I'm interested in math.（私は数学に興味がある）

(3)　注意すべき表現

◇ 〈see＋O＋現在分詞〉「O が〜しているのを見る」

〈see＋O＋原形不定詞〉「O が〜するのを見る」は，動作の一部始終を見ることを表す。

〈see＋O＋現在分詞〉は，動作の一時点を見ていることを表す。

（例）　I saw her walking in the park.（私は彼女が公園を歩いているところを見た）

◇ 〈see＋O＋過去分詞〉「O が〜される〔されている〕のを見る」

（例）　I saw my paper checked by the teacher.

　　　　　　　　　　　　　　　（私は自分の答案が先生にチェックされるのを見た）

この形をとる動詞：hear「〜するのを聞く」，feel「〜するのを感じる」，listen to「〜するのを聞く」，

　　　　　　　　look at「〜するのを見る」　など

④注意すべき文型

(1) **第4文型〈S＋V＋O(人)＋O(もの)〉「(人)に(もの)を〜する」**

(人)が先，(もの)があとにくることに注意する。

この形をとる動詞のほとんどは，〈動詞＋もの＋to/for＋人〉の形に書きかえることができる。→(3)

(例)　He gave me some pictures.（彼は私に写真を何枚かくれた）

　　　→He gave some pictures to me.

この形をとる動詞は(3)参照

(2) **第5文型〈S＋V＋O＋C〉「OをCに〜する」**

Oには名詞，Cには名詞や形容詞，分詞などがくる。

◇ 〈make＋O＋C〉「OをCにする」

(例)　His songs make me happy.（彼の歌は私を楽しくさせる）

◇ 〈keep＋O＋C〉「OをCにしておく」

(例)　He kept the door open.（彼はドアをあけたままにしておいた）

◇ 〈name＋O＋C〉「OをCと名づける」

(例)　We named the dog Shiro.（私たちはその犬をシロと名づけた）

この形をとる動詞：leave「〜を…のままにしておく」，call「〜を…と呼ぶ」，find「〜が…とわかる」など

(3) **〈動詞＋もの＋to/for＋人〉のtoとforの使い分け**

(例)　I gave my book to her.（私は本を彼女にあげた）

(例)　I bought a cap for her.（私は帽子を彼女に買った）

◇ 〈動詞＋もの＋to＋人〉の形になるおもな動詞

□give	〜に…を与える	□lend	〜に…を貸す
□show	〜に…を見せる	□pass	〜に…を手渡す
□return	〜に…を返す	□send	〜に…を送る
□tell	〜に…を話す		

◇ 〈動詞＋もの＋for＋人〉の形になるおもな動詞

□find	〜に…を見つける	□make	〜に…を作る
□play	〜に…を演奏する	□sing	〜に…を歌う
□choose	〜に…を選んでやる	□cook	〜に…を料理する
□get	〜に…を手に入れてやる	□leave	〜に…を残してやる

まとめてチェック！(4) 構文・イディオム

①頻出の構文

□(人が)〜するのは…だ。

私がその問題に答えるのは簡単だ。

□**It is 〜(for＋人)＋to 不定詞**

It is easy **for** me **to answer** the question.

□〜するのに十分…

彼は車を運転するのに十分な年齢だ。

□**形容詞・副詞＋enough＋to 不定詞**

He is old **enough to drive** a car.

□〜するのに十分な…

私はその CD を買うのに十分なお金を持っていない。

□**enough＋名詞＋to 不定詞〔名詞＋enough＋to 不定詞〕**

I don't have **enough** money **to buy** the CD.

□〜するには…すぎる，…すぎて〜できない

その川は泳ぐには危険すぎる。

□**too＋形容詞・副詞＋to 不定詞**

The river is **too** dangerous **to swim** in.

□とても〜なので…

彼はとても速く走ったので，疲れた。

□**so＋形容詞・副詞＋that ...**

He ran **so** fast **that** he got tired.

彼女はとてもすてきな女の子なので，みんなから愛されている。

□**such(＋不定冠詞)＋形容詞＋名詞＋that ...**

She is **such** a nice girl **that** she is loved by everyone.

□(〜が)…するには(時間)がかかる

私がその本を読むのに 5 時間かかった。

□**It takes(＋人)＋時間＋to 不定詞**

It took me five hours to read the book.

□〜が…の状態で

彼はラジオをつけて勉強した。

□**with＋名詞＋...〔副詞(句)，分詞(句)など〕**

He studied **with the radio on**.

②頻出のイディオム

□私は水泳部に所属している。

□I **belong to** the swimming club.

□母は早起きに慣れている。

□My mother **is used to** getting up early.

□学校に遅刻してはいけない。

□Don't **be late for** school.

□何かを探しているの？

□Are you **look**ing **for** something？

□このコンピュータの使い方がわからない。

□I don't know **how to** use this computer.

□例えば，私はリンゴが好きだ。

□**For example**, I like apples.

□私はここにいたい。

□**I'd like to** stay here.

□彼は強いだけでなく親切だ。

□He is **not only** strong **but (also)** kind.

□彼はテニスをするのが得意だ。

□He **is good at** playing tennis.

□電車は博多を出発して東京に向かった。

□The train **left** Hakata **for** Tokyo.

□彼らは日本に興味がある。

□They **are interested in** Japan.

□私は週に少なくとも 1 回は図書館へ行く。

□I go to the library **at least** once a week.

□彼女は中国語を話せる。

□She **is able to** speak Chinese.

□私の母も私も犬が好きだ。

□**Both** my mother **and** I like dogs.

□彼女と私のどちらかがあなたを助ける。

□**Either** she **or** I will help you.

第1回

英 語 検 定 模 擬 試 験 問 題

3 級

── 注　意 ──

1．解答にあたえられた時間は60分です。試験開始後の途中退場はできません。

2．問題は全部で12問あります。

3．問題 ④ ～ ⑥ は「聞き方」の試験です。15分程経ってから開始されます。余裕があれば，放送が始まる前に問題に目を通しておいてもかまいません。

4．いっさい声を出して読んではいけません。

5．印刷不明のところのほかは，問題についての質問はいっさいできません。

6．解答用紙は別紙になっています。**答えはすべて解答用紙にマークしなさい。**

7．筆記用具はＢまたはＨＢの黒鉛筆またはシャープペンシルを用いなさい。
　（**万年筆，ボールペンは使用不可**）

8．氏名等，必要事項を解答用紙の決められた欄に記入およびマークしなさい。

解答用紙 p.91

解答用紙番号	
受験番号	
年　　　組　　　番	
氏名	

1　次の各組の中に，第1音節（1番目の部分）をもっとも強く発音する語が1つずつあります。その語の番号を選びなさい。

a．① po-lice　　② e-qual　　③ o-bey　　④ mis-take

b．① ma-chine　② in-vite　　③ ex-cuse　④ pro-gram

c．① dis-tant　　② a-fraid　　③ es-cape　④ be-lieve

d．① de-li-cious　② im-por-tant　③ man-ag-er　④ un-hap-py

e．① in-ter-est　② dis-cov-er　③ i-mag-ine　④ Ko-re-an

2　次のa～eの英文を途中で1回区切って読むとすれば，どこで区切ったらよいですか。その番号を選びなさい。

a．The other day / Mary and I / had lunch at / a Chinese restaurant.
　　　　　　　①　　　　　②　　　　　③

b．I will go camping / if it is not / rainy / tomorrow.
　　　　　　①　　　　　②　　　③

c．Everything is / more expensive / than it used / to be.
　　　　　①　　　　　②　　　　　③

d．The man / talking / with my father / over there / is Mr. Brown.
　　　①　　②　　　　③　　　　　④

e．My mother / asked / me / to bring / some milk and eggs.
　　　①　　　②　　③　　④

3　次のa～eのA，Bの対話で，Bの発言のうち，普通もっとも強く発音する語句はどれですか。その語句の番号を選びなさい。

a．A：Who are you going to play tennis with?
　　B：I'm going to play with Tomoko tomorrow.
　　　　　　　　　①　　　　②　　　③

b．A：How do you go to school, Linda?
　　B：Well, I usually walk to school.
　　　　　　①　　②　　③

c．A：I've heard this tree is very old.
　　B：Yes, it's more than three hundred years old.
　　　　　　　①　　　　②　　　　③

d．A：Do you know where David is from?
　　B：I'm not sure, but maybe from Canada.
　　　①　②　　　　③　　④

e．A：How often do you go to the gym, Mr. Thomas?
　　B：I go there every weekend with my son and enjoy table tennis.
　　　　　　　①　　　　②　　　③　　④

4 これから対話が2回くり返されます。その対話の内容を正しく表している絵を①〜③の中から1つずつ選びなさい。**CD B 16〜23**

18 （例）

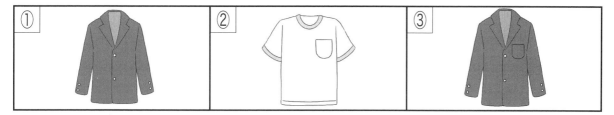

19 Question a.

20 Question b.

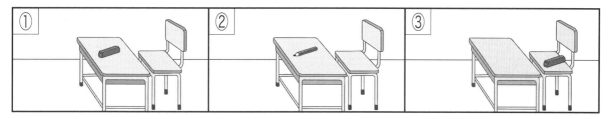

21 Question c.

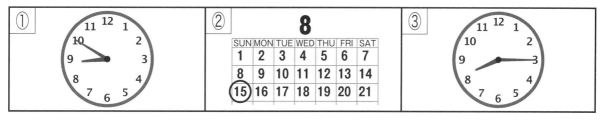

22 Question d.

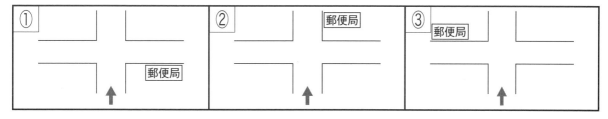

23 Question e.

5 これから英語でa～eの問いがそれぞれ2回ずつ読まれます。その問いに対するもっとも適当な応答を①～③の中から1つずつ選びなさい。**CD** B 24～30

26 a. ① Nothing special.

② No, I didn't.

③ Usually by bus.

27 b. ① For two weeks.

② Until next week.

③ Tomorrow afternoon.

28 c. ① I've already had lunch.

② You can cook really well.

③ I'm afraid you can't.

29 d. ① Sure. I'll call back later.

② About five thousand yen.

③ I bought it at a lower price.

30 e. ① So did I.

② Not at all.

③ Never mind.

6 これから英文が読まれます。次にその内容について英語で5つの問いが読まれます。同じ英文と問いがもう1回くり返されます。その問いに対するもっとも適当な答えを①～③の中から1つずつ選びなさい。**CD** B 31～44

34 a. ① He is Emily's son.

② He works as a cook.

③ He is a high school student.

35 b. ① She works in London.

② She works in a restaurant.

③ She works at Bill's school.

36 c. ① Because Emily worked hard.

② Because the dishes were delicious.

③ Because Emily thanked him.

37 d. ① To teach him how to cook Japanese food.

② To allow him to work in the restaurant.

③ To make him delicious dishes again.

38 e. ① Tomorrow, after Emily finishes working.

② Today, before he goes to the supermarket.

③ Today, after he goes to the supermarket.

7 次の英文を読んで, a ～ e について本文の内容と一致するものを①～③の中から1つずつ選びなさい。

If you are asked how many colors you see in a rainbow, you will answer "Seven." But is it true? The *1borders of its colors are so *2vague that it is almost impossible to count the number of colors. Then, why do you answer "Seven"?

Let me give another example. What color is the sun? Japanese children usually use a red *3crayon to draw the sun, but American children use a yellow crayon. But as you know, its real color is neither red nor yellow. It's a *4mixture of all colors in the rainbow — white. Then, why do they draw the sun in red or yellow?

That is because they were taught to do so. Teachers once told children that a rainbow had seven colors, so they believe it has seven. They draw the sun in red because they have seen a picture where a red sun is drawn. So you must remember that you do not always see things *5accurately.

*1border(s)：境界, 境目　　*2vague：あいまいな　　*3crayon：クレヨン　　*4mixture：混ぜたもの

*5accurately：正確に

a ．The number of colors in a rainbow ① is difficult to count.
② is hardly ever asked.
③ can be counted clearly.

b ．Children usually think that the sun is yellow ① in Japan.
② in America.
③ in Asia.

c ．The true color of the sun is ① red.
② one of the colors in the rainbow.
③ white.

d ．You think there are seven colors in a rainbow because
① you were taught so when you were little.
② it's a mixture of all colors.
③ you can draw it with crayons.

e ．We must remember that ① we don't always see things as they really are.
② we can't count the number of colors in a rainbow.
③ we shouldn't draw the sun in red in front of children.

8 次の会話文を読んで，(a)〜(e)に入るもっとも適当なものを①〜⑥の中からそれぞれ１つずつ選びなさい。

Clerk : Hello. May I help you?

Sarah : Yes. I'm looking for a nice spring coat.

Clerk : How about this one?

                (a)

Sarah : It looks good.

                (b)

Clerk : Sure. There is a mirror here.

Sarah : It's the right size for me.

             (c)

Clerk : _____(d)_____ Wait a minute.

⟨A few minutes later⟩

Clerk : How about this light blue one? It'll look really good on you.

Sarah : _____(e)_____ I'll take this.

Clerk : That'll be 15,000 yen. How would you like to pay?

Sarah : Cash, please.

  ① Can I try it on?

  ② But I think it's a little small for me.

  ③ Do you have a lighter color?

  ④ I love this color.

  ⑤ It's very popular these days.

  ⑥ Let me go and check.

9 次の a 〜 e の絵は話の順番に並んでいます。それぞれの絵の内容にあてはまる会話を①〜⑤の中から 1 つずつ選びなさい。

① Man : I'm home now. Do you remember where the ticket is?

　Woman : It should be on the table in the kitchen.

　Man : Oh, yes, it is. I'll take a taxi again and hurry back to the hall.

② Man : We still have some time before the concert starts. I'm very thirsty.

　Woman : I'll go and get something to drink. Wait here.

③ Man : Here is your ticket. Don't lose it again.

　Woman : I'll be careful. Thank you so much. Let's go into the hall now.

④ Woman : I've been looking forward to the concert today.

　Man : Me, too. Let's get going. We'll miss the bus.

⑤ Woman : Oh, no. I can't find my ticket. I left it at home.

　Man : Really? Don't worry. I'll go back by taxi and get it.

10　次のa〜eの英文の（　　）にはどの語が入りますか。もっとも適当なものを①〜③の中から1つずつ選びなさい。

a．The eight-o'clock bus was （① many　② full　③ high） of passengers.

b．A：I'm （① proud　② afraid　③ tired） of eating *ramen* for lunch.

　　B：OK.　Let's order a pizza today.

c．Miho is really good （① at　② in　③ of） making clothes.

d．A：How （① many　② long　③ often） times have you been to Hawaii？

　　B：Only once.

e．The train will leave the station （① after　② in　③ before） five minutes.

11　次のa〜eの英文の（　　）にはどの語句が入りますか。もっとも適当なものを①〜③の中から1つずつ選びなさい。

a．Ken helped his classmates with （① them　② their　③ theirs） homework.

b．Beth （① writes　② wrote　③ written） an email two hours ago.

c．Look at the boys （① have danced　② danced　③ dancing） on the stage.

d．I read as （① many　② more　③ most） books as Jane last month.

e．I （① lives　② am living　③ have lived） in Nagoya since I was born.

12　次のa〜eの日本語の意味を表すには，英文の（　　）の中の語句をどのように並べたらよいですか。正しい順序のものを①〜④の中から1つずつ選びなさい。

a．次回は，会議はもっと大きな部屋で開かれるでしょう。

　　The meeting （1. be　2. will　3. held） in a bigger room next time.

　　［① 1-3-2　② 2-1-3　③ 2-3-1　④ 3-2-1］

b．これは私がずっと欲しかった腕時計です。

　　This is （1. I　2. have　3. the watch） wanted.

　　［① 1-2-3　② 2-3-1　③ 3-1-2　④ 3-2-1］

c．あなたは彼女が今どこにいるか知っていますか。

　　Do you know （1. is　2. she　3. where） now？

　　［① 1-2-3　② 2-1-3　③ 3-1-2　④ 3-2-1］

d．父は私に，彼のコンピュータを使わないように言いました。

　　My father told me （1. not　2. use　3. to） his computer.

　　［① 1-3-2　② 2-1-3　③ 3-1-2　④ 3-2-1］

e．私がその箱の開け方を教えましょう。

　　I'll show you （1. how　2. open　3. to） the box.

　　［① 1-2-3　② 1-3-2　③ 2-1-3　④ 3-1-2］

第2回

英 語 検 定 模 擬 試 験 問 題

3 級

注　意

1. 解答にあたえられた時間は60分です。試験開始後の途中退場はできません。

2. 問題は全部で12問あります。

3. 問題 [4]〜[6] は「聞き方」の試験です。15分程経ってから開始されます。余裕があれば，放送が始まる前に問題に目を通しておいてもかまいません。

4. いっさい声を出して読んではいけません。

5. 印刷不明のところのほかは，問題についての質問はいっさいできません。

6. 解答用紙は別紙になっています。**答えはすべて解答用紙にマークしなさい。**

7. 筆記用具はＢまたはＨＢの黒鉛筆またはシャープペンシルを用いなさい。
   （万年筆，ボールペンは使用不可）

8. 氏名等，必要事項を解答用紙の決められた欄に記入およびマークしなさい。

解答用紙 p.92

解答用紙番号	
受験番号	
年　　　組　　　番	
氏名	

1 次の各組の中に，第2音節（2番目の部分）をもっとも強く発音する語が1つずつあります。その語の番号を選びなさい。

a. ① ex-cite   ② men-u   ③ nois-y   ④ pow-er

b. ① rack-et   ② ad-vice   ③ neigh-bor   ④ suit-case

c. ① dai-ly   ② sun-shine   ③ vil-lage   ④ re-ply

d. ① mu-si-cian   ② in-tro-duce   ③ li-brar-y   ④ med-i-cine

e. ① na-tion-al   ② pe-ri-od   ③ con-tin-ue   ④ pres-i-dent

2 次のa～eの英文を途中で1回区切って読むとすれば，どこで区切ったらよいですか。その番号を選びなさい。

a. The cake / my sister bought / for me / was very good.
　　　　　①　　　　　　　　　②　　　　③

b. This movie is / much more interesting / than / I expected.
　　　　①　　　　　　　　　　　　　②　　　③

c. Would you / tell me / how to set up / the tent?
　　　①　　　　②　　　　③

d. In five minutes / the train / on that platform / will leave / for Osaka.
　　　　①　　　　　②　　　　　③　　　　　④

e. I'll / ask John / which dish / he would like / to have.
　　①　　②　　　　③　　　　④

3 次のa～eのA，Bの対話で，Bの発言のうち，普通もっとも強く発音する語句はどれですか。その語句の番号を選びなさい。

a. A : Where did you find my wallet?

   B : I found it on the sofa after you went home.
　　　　①　　　　　　　②　　　　　　　③

b. A : Which do you want, chicken or fish?

   B : I feel like having fish rather than chicken.
　　　　①　　　　　　②　　　　　　　③

c. A : What do you usually do after school?

   B : I practice soccer in the school yard until five o'clock.
　　　　①　　　　　　　　②　　　　　　③

d. A : Could you tell me when the dance contest will be held?

   B : I hear it'll be held on December 24th at the ABC Theater this year.
　　　　①　　　　　　②　　　　　　③　　　　　　④

e. A : How long does it take from here to the stadium?

   B : On weekends, it sometimes takes more than 60 minutes.
　　　　①　　　　②　　　　　　③　　　④

4 これから対話が 2 回くり返されます。その対話の内容を正しく表している絵を①〜③の中から 1 つずつ選びなさい。CD B 47〜54

49 （例）

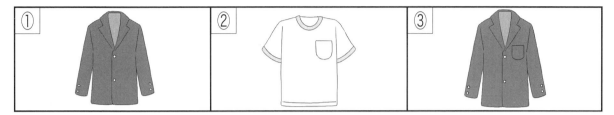

50 Question a.

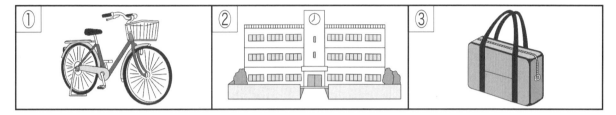

51 Question b.

52 Question c.

53 Question d.

54 Question e.

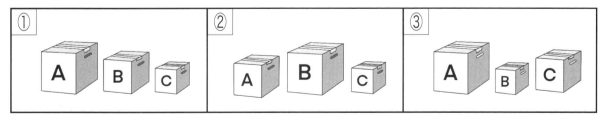

5 これから英語でa～eの問いがそれぞれ2回ずつ読まれます。その問いに対するもっとも適当な応答を①～③の中から1つずつ選びなさい。**CD B 55～61**

57 a. ① Nancy did.

② I can speak English.

③ We haven't decided it yet.

58 b. ① That sounds good.

② You can go there by taxi.

③ You're welcome.

59 c. ① About half an hour.

② I think it's great.

③ I thought of it last night.

60 d. ① Take it easy.

② Sure, go ahead.

③ Of course I can.

61 e. ① Sometimes on TV.

② In my school gym.

③ Monday through Friday.

6 これから英文が読まれます。次にその内容について英語で5つの問いが読まれます。同じ英文と問いがもう1回くり返されます。その問いに対するもっとも適当な答えを①～③の中から1つずつ選びなさい。**CD B 62～75**

65 a. ① Last month.

② Last weekend.

③ Last night.

66 b. ① Near the lake.

② In the mountain.

③ On a boat.

67 c. ① Some hot soup.

② Some fish.

③ Curry and rice.

68 d. ① It was clear.

② It was cloudy.

③ It was rainy.

69 e. ① She warmed herself by the fire her father made.

② She took a bath in a hot spring.

③ She ate the hot soup her father cooked.

7 次の英文を読んで，a～e について本文の内容と一致するものを①～③の中から１つずつ選びなさい。

A long time ago, people found that salt could stop food from going bad. By using salt, people could store food for a long time and carry it to places far away. In the past, it was hard to get salt. It was so *¹precious that sometimes it was used as money.

There are some words which come from the word salt. The word *²salary comes from "sal," which means salt. Some people say that this is because Roman soldiers were paid in salt. "Salad" and "sausage" are also words coming from the word salt. You probably eat salad with salt. Sausages are made from *³salted meat.

Salt is now used not only for food but also for many other *⁴purposes. For example, salt is used to *⁵melt ice on the roads in winter. Farmers give some salt to their cattle. Salt is also needed when we make glass, soap, medicine, and so on.

*¹precious：貴重な　　*²salary：給料　　*³salted：塩漬けの　　*⁴purpose(s)：目的　　*⁵melt：溶かす

a．In the old days, salt
① went bad.
② was stored for a long time.
③ was difficult to get.

b．Salt was sometimes used as money because
① it was precious.
② it meant salary.
③ it changed into many words.

c．Some people says that Roman soldiers
① carried salt to places far away.
② were given salt as salary.
③ used money made of salt.

d．A word which does not come from the word salt is
① salad.
② sausage.
③ soap.

e．Salt is used
① for keeping roads safe to drive on.
② for growing more grass for cattle.
③ when farmers make their animals take medicine.

8 次の会話文を読んで，(a)〜(e)に入るもっとも適当なものを①〜⑥の中からそれぞれ1つずつ選びなさい。

Masao : What are you looking at?

Wendy : It's a poster about music lessons.

Masao : Are you interested in taking music lessons?

Wendy : Yes. _____(a)_____

Masao : That's cool! _____(b)_____

Wendy : At 6 p.m. on Tuesdays.

Masao : _____(c)_____

Wendy : A 60-minute lesson costs 4,000 yen.

Masao : _____(d)_____ Are there any lessons for the guitar?

Wendy : Let's see...yes.　They have a guitar class for beginners.　It costs the same.

Masao : That's nice.

Wendy : Oh, look at this. _____(e)_____

　　　　How about doing it?

Masao : That's a good idea.

① When do you have the class?

② How much does it cost?

③ It sounds a little too expensive for me.

④ Now I'm interested in taking lessons, too.

⑤ You can have a free lesson this weekend.

⑥ I want to learn the drums.

9 次のa～eの絵は話の順番に並んでいます。それぞれの絵の内容にあてはまる会話を①～⑤の中から1つずつ選びなさい。

① Mom : Good morning.　You look better today.

　Son : Yes, Mom.　I feel better.　I'm so hungry.

　Mom : Breakfast will be ready soon.　Go to the bathroom and wash your face.

② Mom : How are you feeling now?

　Son : Well, I still have a headache, but my fever went down.

　Mom : That's good.　Have some soup if you can.

③ Mom : It's almost eight.　You'll be late for school.

　Son : I know, but I'm not feeling well.

④ Son : It's warm today.　See you, Mom.

　Mom : Have a nice day.　Come home earlier.

⑤ Mom : You have a fever.　You had better stay in bed today.

　Son : OK, I will.　Can you bring me some medicine and water, please?

10 次のa～eの英文の（　　）にはどの語句が入りますか。もっとも適当なものを①～③の中から1つずつ選びなさい。

a．We've had（① few　② a few　③ little）rain these days, so the air is dry.

b．The dog is so（① clever　② empty　③ pretty）that he can bring a bottle of water to his master.

c．You should ask（① on　② for　③ by）help if you are in trouble.

d．A：Can you tell me the way to the post office？

　　B：Turn left at the corner,（① and　② but　③ or）you'll see it.

e．John usually wears a watch on his（① back　② face　③ wrist）.

11 次のa～eの英文の（　　）にはどの語句が入りますか。もっとも適当なものを①～③の中から1つずつ選びなさい。

a．Fred is a friend of（① me　② my　③ mine）in New York.

b．We will play baseball if it（① will be　② is　③ was）not raining tomorrow.

c．This is a picture（① takes　② taking　③ taken）by a famous artist.

d．Rika can swim the（① fast　② faster　③ fastest）in my class.

e．You went shopping with Brian,（① didn't　② doesn't　③ weren't）you？

12 次のa～eの日本語の意味を表すには，英文の（　　）の中の語をどのように並べたらよいですか。正しい順序のものを①～④の中から1つずつ選びなさい。

a．あなたはこれまでにその競技場に行ったことがありますか。

　　Have（1. been　2. ever　3. you）to the stadium？

　　［① 1-3-2　② 2-1-3　③ 2-3-1　④ 3-2-1］

b．この車は私の車の2倍の値段です。

　　This car is（1. as　2. expensive　3. twice）as mine.

　　［① 1-2-3　② 1-3-2　③ 2-3-1　④ 3-1-2］

c．湖の氷はスケートができるほど厚くありませんでした。

　　The ice on the lake was not（1. enough　2. thick　3. to）skate on.

　　［① 1-2-3　② 2-1-3　③ 3-1-2　④ 3-2-1］

d．私には母親がタクシーの運転手である友人がいます。

　　I have a（1. friend　2. mother　3. whose）is a taxi driver.

　　［① 1-3-2　② 2-3-1　③ 3-1-2　④ 3-2-1］

e．ウィリアムは友達にビルと呼ばれています。

　　William（1. called　2. Bill　3. is）by his friends.

　　［① 1-3-2　② 2-3-1　③ 3-1-2　④ 3-2-1］

令 和 5 年 度 （ 第 70 回 ）

英 語 検 定 試 験 問 題

3 級

令和5年9月10日（日）実施

───── 注　　意 ─────

1. 解答にあたえられた時間は 60 分です。試験開始後の途中退場はできません。

2. 問題は全部で 12 問あります。

3. 問題 $\boxed{4}$ ～ $\boxed{6}$ は「聞き方」の試験です。15 分程経ってから開始されます。余裕があれば、放送が始まる前に問題に目を通しておいてもかまいません。

4. いっさい声を出して読んではいけません。

5. 印刷不明のところのほかは、問題についての質問はいっさいできません。

6. 解答用紙は別紙になっています。**答えはすべて解答用紙にマークしなさい。**

7. 筆記用具はBまたはHBの黒鉛筆またはシャープペンシルを用いなさい。

　（**万年筆、ボールペンは使用不可**）

8. 氏名等、必要事項を解答用紙の決められた欄に記入およびマークしなさい。

9. 問題用紙、解答用紙ともに提出してください。

解答用紙 p.93

主催　公益財団法人全国商業高等学校協会

解答用紙番号	
受験番号	
年　　　組　　　番	
氏名	

学校名 _____

1　　次の各組の中に、第1音節（1番目の部分）をもっとも強く発音する語が1つずつあります。その語の番号を選びなさい。

a.　① bot-tom　　② de-sign　　③ sup-pose　　④ un-til

b.　① a-cross　　② ex-cite　　③ Ju-ly　　④ yel-low

c.　① be-low　　② ma-chine　　③ o-ven　　④ re-peat

d.　① ba-nan-a　　② com-put-er　　③ i-de-a　　④ sev-er-al

e.　① a-part-ment　② dan-ger-ous　③ e-lec-tric　④ po-si-tion

2　　次のa〜eの英文を途中で1回区切って読むとすれば、どこで区切ったらよいですか。その番号を選びなさい。

a.　We weren't / able / to find a place / to play soccer.
　　　　　①　　　②　　　　　　　　③

b.　The house / whose roof / is blue / is my uncle's.
　　　　　①　　　　②　　　　③

c.　I got caught / in the rain / on my way / to school.
　　　　　　①　　　　②　　　　③

d.　Nick told me / I looked hungry / and / gave me / his sandwiches.
　　　　①　　　　　②　　　③　　　④

e.　A book / written / by the writer / about fifty years ago / is still
　　　①　　　②　　　　③　　　　　　④
very popular.

3　　次のa〜eのA，Bの対話で、Bの発言のうち、普通もっとも強く発音する語句を含む下線部はどれですか。その番号を選びなさい。

a.　A : Does your father drive to work?
　　B : No, he usually takes the train to his office.
　　　　　　　①　　　　　　②　　　　③

b.　A : Your daughter is studying at Zensho University, isn't she?
　　B : Well, in fact, she finished her studies this March.
　　　　　　　　　　　①　　　②　　　③

c.　A : How's your new part-time job at the supermarket?
　　B : A lot of people come to the store to buy food, so it's very exciting.
　　　　　①　　　　　　　　　　②　　　　　　③

d.　A : Why don't you write a speech about the history of Hiroshima?
　　B : That's a good idea because we'll soon go there.
　　　　①　　　②　　　　　　　③　　④

e.　A : When did you start playing the piano for the first time?
　　B : I started practicing it with my brother when I was seven years old.
　　　　①　　②　　　　③　　　　　　　④

80

4 　これから対話が 2 回くり返されます。その対話の内容を正しく表している絵を①〜③の中から

　　1 つずつ選びなさい。

（例）

Question a.

Question b.

Question c.

Question d.

Question e.

5 　これから英語で a 〜 e の問いがそれぞれ 2 回ずつ読まれます。その問いに対するもっとも適当
　　な応答を①〜③の中から 1 つずつ選びなさい。

a. 　① Yes, you are.
　　② Yes, I am.
　　③ Yes, there are.

b. 　① For about five years.
　　② On the Internet.
　　③ Four times a week.

c. 　① Sounds good.
　　② It was delicious.
　　③ How about Chinese food?

d. 　① On the table, please.
　　② Here it is.
　　③ Please open it.

e. 　① I think it's hers.
　　② I think it's great.
　　③ Yes, I think so.

6　これから英文が読まれます。次にその内容について英語で 5 つの問いが読まれます。同じ英文と問いがもう 1 回くり返されます。その問いに対するもっとも適当な答えを①〜③の中から 1 つずつ選びなさい。

a.　① Yumi's friend.
　　② Yumi's brother.
　　③ Yumi's cousin.

b.　He studies
　　① art.
　　② the history of Australia.
　　③ music.

c.　① Summer.
　　② Fall.
　　③ Winter.

d.　① By talking with Yumi.
　　② By watching Japanese anime.
　　③ By playing Japanese games.

e.　① For three days.
　　② For three weeks.
　　③ For three months.

7 　次の英文を読んで、a〜e について本文の内容と一致するものを①〜③の中から１つずつ選び

なさい。

Do you like baseball? How about movies? If you are a big fan of both, you may be interested in the Field of Dreams baseball game. It was based on the 1989 movie of the same name. The movie was about dreams, hopes and family and it showed a really old baseball game.

The new game was played at a stadium in a cornfield in America on August 11, 2022. The players slowly walked into the ground through a cornfield. They wore classical uniforms. The *¹scoreboard was made of wood. Though it was like a scene from the movie, it was a real game between *²the Cubs and *³the Reds. In the end, the Cubs beat the Reds.

In fact, this was the second Field of Dreams game. The first one was held at the same stadium the year before. Kevin Costner, the movie star, appeared since he had played the leading part in the movie "Field of Dreams."

A summer night dream sometimes comes true. Many people had a *⁴nostalgic and happy time.

*¹scoreboard：得点板 　　*²the Cubs：シカゴ・カブス(球団名)

*³the Reds：シンシナティ・レッズ（球団名）

*⁴nostalgic：郷愁の、なつかしい

a. The name of the special baseball game comes from
- ① a movie star.
- ② a movie.
- ③ a cornfield.

b. The uniforms which the players wore were
- ① old-fashioned.
- ② usual.
- ③ modern.

c. The Cubs
- ① won the game.
- ② lost the game.
- ③ missed the game.

d. The Field of Dreams game was held
- ① only once.
- ② twice.
- ③ sometimes.

e. Kevin Costner played
- ① music for the first Field of Dreams game.
- ② baseball in the second Field of Dreams game.
- ③ an important part in the movie "Field of Dreams."

8　次の会話文を読んで、(a)～(e)に入るもっとも適当なものを①～⑥の中からそれぞれ1つず

つ選びなさい。

< At the post office >

Clerk : May I help you?

Miki : Yes. _____(a)_____

Clerk : What kind of boxes do you need?

Miki : _____(b)_____ I want to send these gifts to Japan.

Clerk : _____(c)_____

Miki : That's fine.

Clerk : _____(d)_____

Miki : Four, please.

Clerk : OK.

Miki : _____(e)_____

Clerk : Eight dollars, please.

Miki : Here you go.

Clerk : Thanks.

① How many do you need?

② How much do I need to pay for the boxes?

③ Why don't you bring them to the office now?

④ Just small ones.

⑤ I'd like some boxes, please.

⑥ How about this size?

9　次の a 〜 e の絵は話の順番に並んでいます。それぞれの絵の内容にあてはまる会話を ① 〜 ⑤ の中から 1 つずつ選びなさい。

① Aya : Wow! You have a pretty pet. Hi!

　 Ted : Oh, I thought I closed the door. Get down, Kitty.

② Aya : Everyone, are you ready? Ted, can you see me?

　 Ted : I can't hear you, Aya. Wait a minute.

　 Aya : No problem.

③ Ted : OK. Now I can hear you clearly.

　 Aya : All right. Let's start the meeting. Ted, could you explain your plan for the new shop?

　 Ted : Sure.

④ Ted : My little prince? Hey, Chris! Go and see your mom.

　 Aya : Chris is at home for the summer vacation, isn't he?

　 Ted : Yes. Everybody says online meetings are good. But I like meetings at the office better.

⑤ Ted : I'm very sorry about that.

　 Aya : Ted, this time your little prince is behind you and waving his hand.

10 次のa～eの英文の（　　）にはどの語が入りますか。もっとも適当なものを①～③の中から
　　1つずつ選びなさい。

a. The meeting will take place (① from ② in ③ on) this room.

b. A : Where is the police (① airport ② market ③ station)?
　　B : It's that building over there.

c. Do you have (① many ② much ③ few) money in your wallet?

d. My father usually (① gives ② puts ③ takes) a bath before dinner.

e. Let's go (① inside ② outside ③ upstairs) and play soccer in the park.

11 次のa～eの英文の（　　）にはどの語が入りますか。もっとも適当なものを①～③の中から
　　1つずつ選びなさい。

a. I have three brothers. (① They ② Their ③ Them) all live in America.

b. I (① wake ② woke ③ woken) up about an hour ago.

c. Soccer is an (① excite ② exciting ③ excited) sport.

d. This is the (① short ② shorter ③ shortest) of the three ways.

e. When did you (① open ② opened ③ opening) your new restaurant?

12　次の a ～ e の日本語の意味を表すには、英文の（　）の中の語句をどのように並べたらよい

ですか。正しい順序のものを①～④の中から 1 つずつ選びなさい。

a.　あなたは、今夜の夕食に招待されましたか。

Were（1. to　2. invited　3. you）dinner tonight?

[① 2-1-3　② 2-3-1　③ 3-1-2　④ 3-2-1]

b.　妹はこのTシャツを気に入ると思います。

I think（1. my sister　2. that　3. likes）this T-shirt.

[① 1-3-2　② 2-1-3　③ 2-3-1　④ 3-1-2]

c.　ここからあなたの事務所までどのくらいの距離がありますか。

How far（1. it　2. from　3. is）here to your office?

[① 1-3-2　② 2-1-3　③ 2-3-1　④ 3-1-2]

d.　私は昨日、昔の友人と話す機会がありました。

I had（1. a chance　2. with　3. to talk）my old friend yesterday.

[① 1-2-3　② 1-3-2　③ 2-1-3　④ 3-2-1]

e.　丘の上に建っている家はとても大きいです。

The house which（1. is　2. on the hill　3. stands）very big.

[① 2-1-3　② 2-3-1　③ 3-1-2　④ 3-2-1]

| 氏名 | |

第1回 英語検定模擬試験　解答用紙

問題番号		解　答　欄
1	a	① ② ③ ④
	b	① ② ③ ④
	c	① ② ③ ④
	d	① ② ③ ④
	e	① ② ③ ④
2	a	① ② ③
	b	① ② ③
	c	① ② ③
	d	① ② ③ ④
	e	① ② ③ ④
3	a	① ② ③
	b	① ② ③
	c	① ② ③
	d	① ② ③ ④
	e	① ② ③ ④
4	a	① ② ③
	b	① ② ③
	c	① ② ③
	d	① ② ③
	e	① ② ③
5	a	① ② ③
	b	① ② ③
	c	① ② ③
	d	① ② ③
	e	① ② ③
6	a	① ② ③
	b	① ② ③
	c	① ② ③
	d	① ② ③
	e	① ② ③

問題番号		解　答　欄
7	a	① ② ③
	b	① ② ③
	c	① ② ③
	d	① ② ③
	e	① ② ③
8	a	① ② ③ ④ ⑤ ⑥
	b	① ② ③ ④ ⑤ ⑥
	c	① ② ③ ④ ⑤ ⑥
	d	① ② ③ ④ ⑤ ⑥
	e	① ② ③ ④ ⑤ ⑥
9	a	① ② ③ ④ ⑤
	b	① ② ③ ④ ⑤
	c	① ② ③ ④ ⑤
	d	① ② ③ ④ ⑤
	e	① ② ③ ④ ⑤
10	a	① ② ③
	b	① ② ③
	c	① ② ③
	d	① ② ③
	e	① ② ③
11	a	① ② ③
	b	① ② ③
	c	① ② ③
	d	① ② ③
	e	① ② ③
12	a	① ② ③ ④
	b	① ② ③ ④
	c	① ② ③ ④
	d	① ② ③ ④
	e	① ② ③ ④

	年	組	番
氏名			

第2回 英語検定模擬試験　解答用紙

問題番号		解　答　欄
1	a	① ② ③ ④
	b	① ② ③ ④
	c	① ② ③ ④
	d	① ② ③ ④
	e	① ② ③ ④
2	a	① ② ③
	b	① ② ③
	c	① ② ③
	d	① ② ③ ④
	e	① ② ③ ④
3	a	① ② ③
	b	① ② ③
	c	① ② ③
	d	① ② ③ ④
	e	① ② ③ ④
4	a	① ② ③
	b	① ② ③
	c	① ② ③
	d	① ② ③
	e	① ② ③
5	a	① ② ③
	b	① ② ③
	c	① ② ③
	d	① ② ③
	e	① ② ③
6	a	① ② ③
	b	① ② ③
	c	① ② ③
	d	① ② ③
	e	① ② ③

問題番号		解　答　欄
7	a	① ② ③
	b	① ② ③
	c	① ② ③
	d	① ② ③
	e	① ② ③
8	a	① ② ③ ④ ⑤ ⑥
	b	① ② ③ ④ ⑤ ⑥
	c	① ② ③ ④ ⑤ ⑥
	d	① ② ③ ④ ⑤ ⑥
	e	① ② ③ ④ ⑤ ⑥
9	a	① ② ③ ④ ⑤
	b	① ② ③ ④ ⑤
	c	① ② ③ ④ ⑤
	d	① ② ③ ④ ⑤
	e	① ② ③ ④ ⑤
10	a	① ② ③
	b	① ② ③
	c	① ② ③
	d	① ② ③
	e	① ② ③
11	a	① ② ③
	b	① ② ③
	c	① ② ③
	d	① ② ③
	e	① ② ③
12	a	① ② ③ ④
	b	① ② ③ ④
	c	① ② ③ ④
	d	① ② ③ ④
	e	① ② ③ ④

第3級 英語検定試験 解答用紙

令和5年度 第70回
(令和5年9月10日(日)実施)

主催 (公財) 全国商業高等学校協会

試験場校

氏名 (漢字)

受験番号

昭和
平成
令和

生年月日

年 月 日

注：氏名はマークされたとおりに、生年月日は西暦に置き換えられて合格証書等に記載されます。記入もれ、マークミスがないかをよく確認してください。

注：外国名はローマ字で記入すること。

(例) 姓 ZENSHOU 名 TAROU

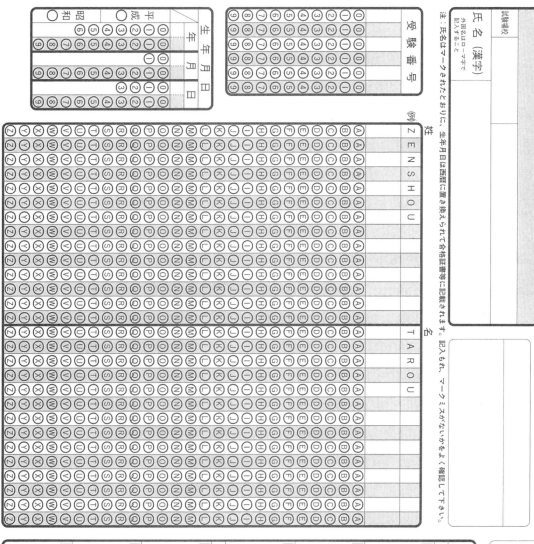

解答用紙番号

監督者用確認欄

問題番号		解答欄
1	a	① ② ③ ④
	b	① ② ③ ④
	c	① ② ③ ④
	d	① ② ③ ④
	e	① ② ③ ④
2	a	① ② ③ ④
	b	① ② ③ ④
	c	① ② ③ ④
	d	① ② ③ ④
	e	① ② ③ ④
3	a	① ② ③ ④
	b	① ② ③ ④
	c	① ② ③ ④
	d	① ② ③ ④
	e	① ② ③ ④
4	a	① ② ③ ④
	b	① ② ③ ④
	c	① ② ③ ④
	d	① ② ③ ④
	e	① ② ③ ④
5	a	① ② ③
	b	① ② ③
	c	① ② ③
	d	① ② ③
	e	① ② ③
6	a	① ② ③
	b	① ② ③
	c	① ② ③
	d	① ② ③
	e	① ② ③

問題番号		解答欄
7	a	① ② ③
	b	① ② ③
	c	① ② ③
	d	① ② ③
	e	① ② ③
8	a	① ② ③ ④ ⑤ ⑥
	b	① ② ③ ④ ⑤ ⑥
	c	① ② ③ ④ ⑤ ⑥
	d	① ② ③ ④ ⑤ ⑥
	e	① ② ③ ④ ⑤ ⑥
9	a	① ② ③ ④ ⑤ ⑥
	b	① ② ③ ④ ⑤ ⑥
	c	① ② ③ ④ ⑤ ⑥
	d	① ② ③ ④ ⑤ ⑥
	e	① ② ③ ④ ⑤ ⑥
10	a	① ② ③ ④
	b	① ② ③ ④
	c	① ② ③ ④
	d	① ② ③ ④
	e	① ② ③ ④
11	a	① ② ③ ④
	b	① ② ③ ④
	c	① ② ③ ④
	d	① ② ③ ④
	e	① ② ③ ④
12	a	① ② ③ ④
	b	① ② ③ ④
	c	① ② ③ ④
	d	① ② ③ ④
	e	① ② ③ ④

〈マーク例〉
良い例 ●
悪い例 ◐ ◑ ⊗ ◉ ●

〈注意〉
もとの左のマークのように濃くぬりつぶしてしまりなさい。

〈注意事項〉
・解答用紙は、HBまたはBの鉛筆を使用すること。ボールペンやサインペン、万年筆は絶対に使用しないこと。
・所定欄以外には、何も記入しないこと。
・訂正する場合はプラスチック消しゴムできれいに消すこと。
・解答用紙を汚したり、折り曲げたりしないこと。

93

令和6年度版　全国商業高等学校協会主催

全商　英語検定試験問題集　3級

- ●編　者　　実教出版編修部
- ●発行者　　小　田　良　次
- ●印刷所　　株式会社 広済堂ネクスト

- ●発行所　　実　教　出　版　株　式　会　社
　　　　　　〒102-8377 東京都千代田区五番町5
　　　　　　電話〈総務〉(03)3238-7700
　　　　　　　　　〈営業〉(03)3238-7777
　　　　　　　　　〈編修〉(03)3238-7332
　　　　　　https://www.jikkyo.co.jp/

002402009　　　　　　　ISBN978-4-407-36344-9

令和6年度版
全商英語検定試験問題集
3級

解答編

実教出版

Part 1 Listening・Speaking

1 アクセント
〈実践演習 p.5〉

1 a. ④ b. ③ c. ② d. ③ e. ①
[解説]
a. ① re-turn [ritə́ːrn] ② at-tack [ətǽk] ③ es-cape [iskéip] ④ post-card [póustkàːrd]
b. ① her-self [hərsélf] ② a-fraid [əfréid] ③ pass-port [pǽspɔ̀ːrt] ④ ma-chine [məʃíːn]
c. ① de-sign [dizáin] ② rail-road [réilròud] ③ a-cross [əkrɔ́ːs] ④ a-live [əláiv]
d. ① ex-am-ple [igzǽmpl] ② e-ras-er [iréisər] ③ na-tion-al [nǽʃnəl] ④ pi-an-o [piǽnou]
e. ① di-a-mond [dáiəmənd] ② com-put-er [kəmpjúːtər] ③ un-der-stand [ʌ̀ndərstǽnd]
　 ④ en-gi-neer [èndʒəníər]

2 a. ③ b. ① c. ④ d. ③ e. ②
[解説]
a. ① dis-cuss [diskʌ́s] ② be-yond [bijánd] ③ plat-form [plǽtfɔːrm] ④ a-head [əhéd]
b. ① ill-ness [ílnəs] ② di-vide [diváid] ③ be-low [bilóu] ④ re-ceive [risíːv]
c. ① be-come [bikʌ́m] ② be-hind [biháind] ③ sur-prise [sərpráiz] ④ sol-dier [sóuldʒər]
d. ① a-part-ment [əpáːrtmənt] ② to-mor-row [təmárou] ③ ham-burg-er [hǽmbàːrgər]
　 ④ um-brel-la [ʌmbrélə]
e. ① al-read-y [ɔːlrédi] ② or-ches-tra [ɔ́ːrkəstrə] ③ va-ca-tion [veikéiʃn] ④ ba-nan-a [bənǽnə]

3 a. ③ b. ④ c. ① d. ① e. ③
[解説]
a. ① be-gin [bigín] ② ho-tel [houtél] ③ mil-lion [míljən] ④ re-port [ripɔ́ːrt]
b. ① at-tend [əténd] ② ex-cuse [ikskjúːz] ③ o-bey [oubéi] ④ sal-ad [sǽləd]
c. ① butch-er [bútʃər] ② one-self [wʌnsélf] ③ po-lite [pəláit] ④ up-on [əpán]
d. ① car-pen-ter [káːrpəntər] ② de-part-ment [dipáːrtmənt] ③ mu-si-cian [mjuːzíʃn]
　 ④ to-mor-row [təmárou]
e. ① De-cem-ber [disémbər] ② en-gi-neer [èndʒəníər] ③ hos-pi-tal [háspitl]
　 ④ pa-ja-mas [pədʒáːməz]

4 a. ④ b. ③ c. ① d. ② e. ②
[解説]
a. ① cher-ry [tʃéri] ② on-ion [ʌ́njən] ③ Rus-sia [rʌ́ʃə] ④ suc-ceed [səksíːd]
b. ① blan-ket [blǽŋkit] ② cab-bage [kǽbidʒ] ③ de-cide [disáid] ④ ma-jor [méidʒər]
c. ① be-lieve [bilíːv] ② sun-ny [sʌ́ni] ③ tun-nel [tʌ́nl] ④ wind-y [wíndi]
d. ① ac-ci-dent [ǽksidənt] ② con-tin-ue [kəntínjuː] ③ en-er-gy [énərdʒi] ④ or-ches-tra [ɔ́ːrkəstrə]
e. ① clas-si-cal [klǽsikl] ② de-part-ment [dipáːrtmənt] ③ in-ter-est [íntərəst] ④ me-di-um [míːdiəm]

2 文の区切り
〈実践演習 p.7〉

1 a. ③ b. ② c. ② d. ③ e. ③
[解説]
a. The boy I saw in the garden が文の主語なので，このあとで区切る。I saw in the garden は The
　 boy を修飾している。I の前に目的格の関係代名詞が省略されている。
b. 接続詞 when の前で区切る。
c. On my way home は文頭に出た副詞句なので，このあとで区切る。
d. 接続詞 while の前で区切る。
e. The only way to get the concert ticket が長い主語なので，このあとで区切る。to get the concert
　 ticket は The only way を修飾する。
[全訳]
a. 私が庭で見た男の子は，メアリーのお兄さん〔弟さん〕でした。

b． その女の子は物音を聞いて歌うのを止めました。

c． 帰宅途中に私は友人のお母さんに会いました。

d． 彼は旅行中に私に手紙を送ってくれました。

e． そのコンサートのチケットを手に入れる唯一の方法は，電話をかけることです。

2　　a．①　b．②　c．①　d．②　e．①

[解説]

a． 〈tell＋O＋to 不定詞〉「O に～するように言う」の形。普通は to 不定詞の前で区切れるが，ここでは not が to 不定詞を修飾しているので，not to ～でひとまとめと考え，not の前で区切る。

b． The man I saw in front of my house が長い主語なので，そのあとで区切れる。I saw in front of my house は The man を修飾する。I の前に目的格の関係代名詞 whom が省略されている。

c． know の目的語である〈what＋to 不定詞〉「何を～すべきか」の前で区切れる。

d． both A and B が主語になった形。長い主語のあとの②で区切れる。

e． It は形式主語で，真主語は that 節。節を導く接続詞 that の前で区切れる。

[全訳]

a． 私の母は，学校に遅刻しないようにと私に言いました。

b． 私が家の前で見た男性は，何かを探していました。

c． 私は彼女に何を言ったらいいかわかりませんでした。

d． 私の姉〔妹〕も私の母も，ドレスを作ることに興味があります。

e． 私たちは，できるだけたくさんの本を読むことが重要です。

3　　a．①　b．③　c．③　d．②　e．③

[解説]

a． where は know の目的語となる節を導く。where の前で区切ることができる。

b． The girl wearing a blue hat が主語。長い主語のあとで区切ることができる。wearing a blue hat は The girl を修飾する。

c． What kind of sports はひとまとめで疑問詞にあたる部分。このあとで区切ることができる。

d． as soon as ～は「～するとすぐに」という意味で，接続詞的に使われる。この前で区切ることができる。

e． My bicycle stolen near the station が主語。長い主語のあとで区切ることができる。stolen near the station は My bicycle を修飾する。

[全訳]

a． 私がどこで犬の散歩をできるかご存じですか。

b． 青い帽子をかぶっている少女は，スーツケースを運びます。

c． どんなスポーツがお好きですか。

d． その少年は私を見るとすぐに逃げ出しました。

e． 駅の近くで盗まれた私の自転車は，別の町で見つかりました。

4　　a．②　b．②　c．②　d．③　e．①

[解説]

a． in front of ～「～の前で」という副詞句がついている文なので，副詞句の前で区切ることができる。

b． person を修飾する形容詞的用法の不定詞がついている文なので，不定詞の前で区切ることができる。

c． so ... that ～「とても…なので～だ」の that は接続詞なので，that の前で区切ることができる。

d． because of ～「～のせいで」という副詞句がついている文なので，副詞句の前で区切ることができる。

e． whether 以下は補語にあたる名詞節。接続詞 whether の前で区切ることができる。

[全訳]

a． 私はあの劇場の前で有名な俳優を見ました。

b． 彼はあの山に登った最初の人物でした。

c． この本はとてもおもしろかったので，私はそれを1日で読みました。

d． 駅へ行くバスは大雨のせいで遅れました。

e． 問題は，私が勉強する時間を見つけられるかどうかということです。

5　　a．②　b．①　c．③　d．②　e．③

[解説]

a． over は「（食事など）をしながら」という意味の前置詞なので，その前で区切ることができる。

b.〈show＋人＋疑問詞節〉「（人）に〜かを示す」の形なので，疑問詞節の前で区切ることができる。

c. Students who were absent yesterday と主語が長い場合は，そのあとで区切ることができる。

d. Mike arrived at the theater という主節の後ろに，〜 minute(s) after ...「…する〜分後」という〈時〉を表す副詞節があるので，主節と副詞節の間で区切る。

e. Whether the baseball game will be held と主語が長い場合は，そのあとで区切ることができる。

［全訳］

a. コーヒーを1杯飲みながら，その計画について話し合いましょう。

b. コンサートのチケットをどこで買えるか，私に教えてくれませんか。

c. 昨日欠席した生徒は，今日試験を受けなければなりません。

d. マイクは映画が始まった10分後に映画館に着きました。

e. 野球の試合が行われるかどうかは天候次第です。

❸ 文の強勢　〈実践演習 p.10〉

1　**a.** ③　**b.** ③　**c.** ③　**d.** ④　**e.** ④

［解説］

a.「その女性が誰か知っていますか」と尋ねているので，女性が誰かを答える my aunt を強く発音する。

b. What time は「何時に〜」と〈時〉を尋ねる表現なので，時を答える seven を強く発音する。

c. Who 〜 with は「誰と〜」と〈人〉を尋ねる表現なので，誰かを答える Mary を強く発音する。

d. How far は「どのくらいの距離〜」と〈距離〉を尋ねる表現なので，距離を答える two kilometers を強く発音する。

e.「もし道路でお金を見つけたらどうしますか」と尋ねているので，「警察に持って行く」の「警察」the police を強く発音する。

［全訳］

a. A：その女性が誰か知っていますか。B：ええ，彼女は私のおばです。

b. A：コンサートは何時に始まりますか。B：7時に始まると思います。

c. A：あなたは誰と一緒に北海道に行ったのですか。B：私はそこにメアリーと一緒に行きました。

d. A：ここから駅までどのくらいの距離ですか。B：約2キロです。

e. A：もし道路でお金を見つけたらどうしますか。B：もちろんそれを警察に持って行きます。

2　**a.** ③　**b.** ③　**c.** ③　**d.** ④　**e.** ①

［解説］

a. 学校を欠席した理由を尋ねているので，理由となる「風邪をひいた」のうち，「風邪」cold を強く発音する。

b.「家族で行ったのか」という質問に対し，「1人で行った」と言いたいので，alone を強く発音する。

c.「写真のどれが母親か」と尋ねられての返答なので，「上着を着ている女性」のうち，目印となる「上着」jacket を強く発音する。

d. コーヒーのおかわりを勧められて断ったあとに「水が飲みたい」と言っているので，coffee と対照される water を強く発音する。

e.「誰があなたを家まで車で送ったのですか」という質問なので，〈人〉を表す Bob を強く発音する。

［全訳］

a. A：昨日はどうして学校を欠席したのですか。B：風邪をひいていたからです。

b. A：アメリカへは家族と一緒に行ったのですか。B：いいえ，そこへは1人で行きました。

c. A：写真の中であなたのお母さんはどれですか。B：母は上着を着ている女性です。

d. A：コーヒーをもう1杯いかがですか。B：いいえ，けっこうです。むしろ水を1杯いただきたいです。

e. A：誰があなたを家まで車で送ったのですか。B：私は帰宅途中にボブに会って，彼が私を車に乗せてくれました。

3　**a.** ③　**b.** ③　**c.** ①　**d.** ②　**e.** ①

［解説］

a. Aは期間を尋ねているので，具体的な期間を表す③ten days を強く発音する。

b. Aはボブの居場所を知っているか尋ねているので，居場所にあたる③in the library を強く発音する。

c. Aは Have you seen 〜?「〜を見たことがありますか」と尋ねているので，①never を強く発音する。

d．Aは理由を尋ねているので，宿題を終わらせることができなかった原因である②fever を強く発音する。

e．Aは昼食に何を食べたいか尋ねているので，①Anything を強く発音する。

[全訳]

a．A：あなたは広島にどのくらいの間，滞在する予定ですか。B：私は10日間そこに滞在する予定です。

b．A：ボブがどこにいるか知っていますか。B：彼は図書館で宿題をしています。

c．A：ジュディーがギターを弾くのを見たことがありますか。B：いいえ，私は彼女が演奏するのを一度も見たことがありません。

d．A：なぜあなたは数学の宿題を終わらせなかったのですか。B：昨夜，夕食後にひどい熱があったからです。

e．A：昼食に何を食べたいですか。B：私は何でもかまいません。とてもお腹がすいているので。

4　　**a**．②　**b**．①　**c**．②　**d**．②　**e**．④

[解説]

a．Aは職業を尋ねているので，②a doctor を強く発音する。

b．Aはロンドンに来た理由を尋ねているので，①studying art を強く発音する。

c．Aは誰がパーティーに来られないかを知りたいのだから，②Miranda を強く発音する。

d．Aは Which color「どちらの色」と尋ねているので，②yellow を強く発音する。

e．Aはリラックスしたいときに何をするか尋ねているので，「すること」の具体的内容である④have a bath を強く発音する。

[全訳]

a．A：あなたのお兄さんの仕事は何ですか。B：彼は東京で医者をしています。

b．A：なぜあなたはロンドンに来たのですか。

　　B：ロンドンで芸術を学ぶことは子どものころからの夢だったんです。

c．A：誰がパーティーに来られないか知っていますか。B：ミランダは来られないと思います。

d．A：私の新しい車にはどちらの色がいいと思いますか。

　　B：白はあまりにもありふれているから，私なら黄色を選びます。

e．A：リラックスしたいとき，あなたは何をしますか。

　　B：私のお気に入りのリラックス法の１つは，お風呂に入ることです。

4 聞き方(1)　絵の説明　　〈実践演習 p.14〉

1　　**a**．②　**b**．①　**c**．②　**d**．③　**e**．③

─ 読まれる対話文（各2回くり返す）──────────────────── **CD A 02～08** ─

04 Question a.　Woman : May I help you?

　　　　　　　　　Man : Yes, please.　I'm looking for a tie.

05 Question b.　Woman : Where is the post office?

　　　　　　　　　Man : It's between the coffee shop and the bookstore.

06 Question c.　Woman : How did you get to the airport?

　　　　　　　　　Man : I went there by bus.

07 Question d.　Woman : What are you going to do during this summer vacation?

　　　　　　　　　Man : I'm going to climb Mt. Fuji.

08 Question e.　Woman : I have to go.　See you.

　　　　　　　　　Man : O.K.　See you later.

[解説]

a．絵より，場所と状況を聞きとる。I'm looking for a tie. より，ネクタイを選んでいる状況の②を選ぶ。

b．絵より，建物とその位置関係を聞きとる。the post office と，between the coffee shop and the bookstore より，郵便局が喫茶店と書店の間にある①を選ぶ。

c．交通手段を聞きとる。by bus より，②を選ぶ。

d．行為を聞きとる。climb Mt. Fuji より，登山をしている③を選ぶ。

e．場面の状況を聞きとる。See you (later). は別れのときのあいさつなので，③を選ぶ。

[全訳]
ａ．女性：いらっしゃいませ〔お手伝いしましょうか〕。　男性：お願いします。ネクタイを探しているのです。
ｂ．女性：郵便局はどこですか。　男性：それは喫茶店と書店の間にあります。
ｃ．女性：どうやって空港に行きましたか。　男性：そこへはバスで行きました。
ｄ．女性：あなたはこの夏休みの間に何をするつもりですか。　男性：富士山に登るつもりです。
ｅ．女性：もう行かなければ。じゃあね。　男性：わかった。またね。

2　ａ．①　ｂ．①　ｃ．①　ｄ．③　ｅ．②

11 Question a.　　Man : What's the matter?　Are you sick?
　　　　　　　　Woman : Yes, I have a headache.　Maybe I have a fever.
12 Question b.　　Man : I can't find the newspaper.　Do you know where it is?
　　　　　　　　Woman : I saw it under the chair.
13 Question c.　　Man : Let me introduce myself.　I'm Tom.
　　　　　　　　Woman : Hi, Tom.　I'm Mary.　Glad to meet you.
14 Question d.　　Man : What do you do?
　　　　　　　　Woman : I'm a nurse.　I work at Chicago City Hospital.
15 Question e.　　Man : Which do you like, tea or coffee?
　　　　　　　　Woman : Oh, I like both.

[解説]
ａ．絵より，具合の悪い部分を聞きとる。headache と have a fever を聞きとり，①を選ぶ。
ｂ．絵より，新聞の位置を聞きとる。under the chair より，①を選ぶ。
ｃ．対話の状況を聞きとる。2人が自己紹介している内容より，①を選ぶ。
ｄ．職業を聞きとる。a nurse より，③を選ぶ。
ｅ．飲み物の種類を聞きとる。I like both. より，紅茶とコーヒーの両方とわかるので，②を選ぶ。

[全訳]
ａ．男性：どうしたの。病気？　女性：ええ，頭が痛いの。たぶん熱があるわ。
ｂ．男性：新聞が見つからない。どこにあるか知っている？　女性：いすの下にあるのを見たわよ。
ｃ．男性：自己紹介をさせてください。ぼくはトムです。　女性：こんにちは，トム。私はメアリーです。お会いできてうれしいです。
ｄ．男性：あなたの職業は何ですか。　女性：私は看護師です。シカゴ市立病院で働いています。
ｅ．男性：紅茶とコーヒーのどちらが好きですか。　女性：ええと，私は両方とも好きです。

3　ａ．②　ｂ．③　ｃ．②　ｄ．①　ｅ．②

18 Question a.　Woman : What's the matter?
　　　　　　　　Man : I slipped on the road and broke my arm.
19 Question b.　　Man : Which T-shirt is yours?
　　　　　　　　Woman : The middle one with a big ribbon on it.
20 Question c.　Woman : What did you do last Sunday?
　　　　　　　　Man : I went to Tokyo with my father.
　　　　　　　　　　　I was surprised to see many tall buildings.
21 Question d.　　Man : I heard you laughing a lot.
　　　　　　　　Woman : I watched TV and it was very funny.
22 Question e.　　Man : Which is the best box for these books?
　　　　　　　　Woman : "A" is too small, "B" is too big, so "C" is the best for them.

[解説]
ａ．slipped on the road と broke my arm を聞きとり，道路で転んで腕を骨折している②を選ぶ。
ｂ．The middle one「真ん中のもの」と with a big ribbon on it「大きなリボンのついた」を聞きとり，③を選ぶ。

c. many tall buildings「たくさんの高いビル」を聞きとり，②を選ぶ。

d. I heard you laughing a lot. は〈hear＋O＋*do*ing〉「Oが〜しているのを聞く」の形。男性の laughing a lot と女性の I watched TV を聞きとり，①を選ぶ。

e. "A" is too small, "B" is too big, so "C" is the best for them. より，箱の大きさは A がもっとも小さく，B がもっとも大きくて，C がその中間だとわかる。したがって，②を選ぶ。

[全訳]

a. 女性：どうしましたか。　男性：道路で滑って腕を骨折しました。

b. 男性：どのTシャツがあなたのものですか。　女性：大きいリボンがついた真ん中のものです。

c. 女性：あなたはこの前の日曜日，何をしましたか。
　　男性：私は父と東京に行きました。たくさんの高いビルを見て驚きました。

d. 男性：あなたが大笑いしているのを聞きましたよ。
　　女性：私はテレビを見ていて，それがとてもおもしろかったのです。

e. 男性：これらの本にはどれが最適な箱でしょうか。
　　女性：A は小さすぎて，B は大きすぎますから，C がそれらには最適です。

4　**a.** ②　**b.** ①　**c.** ③　**d.** ②　**e.** ①

―読まれる対話文（各2回くり返す）――――――――――――――――――――――――CD A 23〜29―

25　Question a.　Woman：What do you want to be in the future?
　　　　　　　　 Man：I want to be a mechanic.

26　Question b.　　Man：Where are my glasses?
　　　　　　　　Woman：They are on the table in the kitchen.

27　Question c.　Woman：Who is your English teacher?
　　　　　　　　 Man：It's the lady wearing a jacket.　She's carrying a bag.

28　Question d.　　Man：What time shall we meet tomorrow, Emily?
　　　　　　　　Woman：How about half past ten in front of the station?

29　Question e.　Woman：Which vase is bigger, A or B?
　　　　　　　　 Man：A is bigger than B.　Some flowers are already in it.

[解説]

a. mechanic は「整備士」という意味なので，②が正解。

b. glasses は「めがね」という意味なので，①が正解。もし glass「コップ」の複数形だとしたら，コップが2つ以上描かれていなければおかしいので，②は誤り。

c. ジャケットを着ていて，かばんを持っている女性なので，③が正解。wearing a jacket は the lady を修飾する現在分詞句。

d. half past ten は「10時30分」という意味。さらに in front of the station「駅前で」と言っているので，②が正解。

e. A のほうが B より大きく，A にはすでに花が数本入っている，と言っているので，①が正解。

[全訳]

a. 女性：あなたは将来，何になりたいですか。　男性：私は整備士になりたいです。

b. 男性：私のめがねはどこにありますか。　女性：それは台所のテーブルの上にあります。

c. 女性：あなたの英語の先生は誰ですか。
　　男性：ジャケットを着ている女性です。彼女はかばんを持っています。

d. 男性：明日，私たちは何時に待ち合わせましょうか，エミリー？
　　女性：駅前で10時30分ではどうでしょう。

e. 女性：A と B ではどちらの花びんのほうが大きいですか。
　　男性：A のほうが B よりも大きいです。その中にはすでに花が数本入っています。

5　聞き方(2)　英問英答　　〈実践演習 p.20〉

1　**a.** ②　**b.** ①　**c.** ③　**d.** ①　**e.** ①

┌─ 読まれる質問文（各2回くり返す）────────────────────── CD A 30～36 ─┐
32 Question a. Can I borrow your dictionary?
33 Question b. Would you like some more tea?
34 Question c. May I help you?
35 Question d. I'm sorry I didn't call you yesterday.
36 Question e. I have a headache.
└──┘

[解説]

a. Can I ～? より許可を求められているとわかるので，相手に「どうぞ」と言う②を選ぶ。

b. 紅茶のおかわりを勧められているので，感謝してお願いをする①を選ぶ。

c. May I help you? は「いらっしゃいませ」と店員が客に言う言葉。③を選ぶ。

d. 昨日電話しなかったことをわびている。①がもっとも適切。

e. 「頭痛がする」という相手に対しては，「それはいけませんね〔お気の毒に〕」という①がもっとも適切。

[全訳]

a. あなたの辞書を借りてもいいですか。――もちろん，どうぞ。

b. 紅茶のおかわりはいかがですか。――はい，ありがとうございます。

c. いらっしゃいませ〔お手伝いしましょうか〕。――ええ，Tシャツを探しています。

d. 昨日電話をしなくてすみません。――そのことは気にしないでください。

e. 頭痛がします。――それはいけませんね。

2　　a. ①　b. ③　c. ②　d. ③　e. ②

┌─ 読まれる質問文（各2回くり返す）────────────────────── CD A 37～43 ─┐
39 Question a. Will you open the window?
40 Question b. Why don't we eat out for dinner today?
41 Question c. Your watch is great!
42 Question d. Do you mind if I open the window?
43 Question e. I'd like to stay one night in this hotel.
└──┘

[解説]

a. Will you ～? は「～してくれますか」と依頼を表す。快く引き受ける①を選ぶ。

b. Why don't we ～? は「～しませんか」と勧誘を表す。承諾する③がもっとも適切。

c. 「あなたの腕時計はすばらしいですね」と言われての返答としては，②がもっとも適切。

d. Do you mind if ～? は「～してもかまいませんか」という意味。「かまわない」というときにはno で答えるので，③を選ぶ。

e. ホテルで1泊したいと言われた状況。ホテルの従業員の答えとしては，②がもっとも適切。

[全訳]

a. 窓を開けてくれますか。――もちろん，いいですよ。

b. 今日は夕食を食べに行きませんか。――ええ，私はいいですよ。

c. あなたの腕時計はすばらしいですね！――ありがとう。とても気に入っています。

d. 窓を開けてもかまいませんか。――かまいませんよ。

e. このホテルに一晩滞在したいのですが。――どのようなお部屋がよろしいですか。

3　　a. ③　b. ①　c. ③　d. ②　e. ②

┌─ 読まれる質問文（各2回くり返す）────────────────────── CD A 44～50 ─┐
46 Question a. Will it be a sunny day tomorrow?
47 Question b. When did you go to the department store?
48 Question c. What's wrong with your bicycle?
49 Question d. Have you heard from him since then?
50 Question e. How far is it from your house to the gasoline station?
└──┘

[解説]

a. Will it be a sunny day tomorrow? は，未来のことを尋ねる疑問文。「そうだといいと思います」とい

う意味になる③がもっとも適切。

b． When did you ～？は「いつあなたは～しましたか」と過去の時を尋ねる疑問文。時を答える①がもっとも適切。

c． What's wrong with ～？は「～はどこが悪いのですか」という意味の疑問文。自転車についての不具合を具体的に答える③がもっとも適切。

d． hear from ～ は「～から連絡をもらう」という意味。あなたが連絡を受けたかどうかを聞かれているので，Yes で答え，連絡があったことを説明する②がもっとも適切。

e． How far is it from A to B ? は「A から B までの距離はどのくらいですか」と距離を尋ねる表現。距離を具体的に答える②がもっとも適切。

[全訳]

a． 明日は晴れの日になるでしょうか。——そうだといいと思います。

b． あなたはいつ，デパートに行ったのですか。——正午です。

c． あなたの自転車はどこが悪いのですか。——油が必要なのです。

d． それ以来，彼から連絡はありましたか。——はい，3日前に彼から手紙をもらいました。

e． あなたの家からガソリンスタンドまでどのくらいの距離がありますか。——およそ0.5キロメートルです。

4 **a．**② **b．**③ **c．**① **d．**② **e．**①

┌─ 読まれる質問文（各2回くり返す）─────────────────── CD A 51～57 ─
53 Question a. Are you ready to order?
54 Question b. When did you get back from Italy?
55 Question c. Can I park my bike here?
56 Question d. How often do you meet your uncle in London?
57 Question e. Why don't you have some more fruit?
└──

[解説]

a． Are you ready to order? はレストランなどで店員が「ご注文はお決まりですか」と尋ねるときの決まり文句。「まだです」は not yet なので，②が正解。

b． When「いつ」と尋ねているので，③が正解。

c． Can I ～？は許可を求める表現。I'm afraid ～. は「残念ながら〔申し訳ありませんが〕～です」と，ていねいに断る言い方なので，①が正解。

d． How often「どのくらいの頻度で」と尋ねているので，②が正解。

e． Why don't you ～？は「～してはどうですか」という提案の表現なので，①が正解。

[全訳]

a． ご注文はお決まりですか。——いえ，まだです。

b． いつイタリアから戻られたのですか。——昨日の朝です。

c． 私の自転車をここに停めてもいいですか。——残念ながら，だめです。

d． あなたはロンドンのおじさんとどのくらい会いますか。——1年に1回。

e． 果物をもっといかがですか。——ありがとう，いただきます。

6 聞き方(3) 長文 〈実践演習 p.24〉

1 **a．**③ **b．**① **c．**② **d．**③ **e．**①

┌─ 読まれる英文と質問文（各2回くり返す）──────────────── CD A 58～71 ─
60 Sara usually gets up at seven o'clock every morning, but she got up two hours earlier than usual yesterday morning. She planned to fly to Canada in the afternoon. She put a lot of warm clothes in her suitcase, because she heard it was very cold there. She went to the airport by bus and arrived there at three o'clock in the afternoon. When she opened her small bag to take out her passport, she found she didn't have the key to her suitcase. Then she called her parents and asked them to bring the key to her. Her father jumped into his car with the key. He drove so fast that he could get there in time for her plane. Sara was very happy, but her father was very tired.
└──

61 Question a. What time did Sara get up yesterday morning?
62 Question b. What country was Sara going to visit?
63 Question c. How did Sara get to the airport?
64 Question d. What did Sara find at the airport?
65 Question e. Who went to the airport to help Sara?

［解説］

a. Sara usually gets up at seven o'clock every morning, but she got up two hours earlier than usual yesterday morning.より，7時より2時間早い「5時」なので，③を選ぶ。

b. She planned to fly to Canada より①を選ぶ。

c. She went to the airport by bus より②を選ぶ。

d. she found she didn't have the key to her suitcase より③を選ぶ。

e. Her father jumped into his car with the key. より①を選ぶ。

［全訳］

　サラは普段，毎朝7時に起床しますが，昨日の朝はいつもより2時間早く起きました。彼女は午後にカナダに飛行機で行くことになっていました。彼女はたくさんの暖かい洋服をスーツケースに詰めました，というのも，彼女はそこがとても寒いと聞いたからでした。彼女はバスで空港に行き，そこに午後3時に着きました。彼女がパスポートを取り出すために小さなかばんを開けたとき，彼女はスーツケースのかぎを持っていないことに気づきました。そこで彼女は両親に電話をして，自分のところにかぎを持ってきてくれるよう彼らに頼みました。彼女の父親はかぎを持って車に飛び乗りました。彼はとても速く運転したので，彼女の飛行機に間に合って着くことができました。サラはとてもうれしかったですが，彼女の父親はとても疲れました。

a. サラは昨日の朝，何時に起床しましたか。――彼女は5時に起きました。

b. サラが訪れようとしていた国はどこですか。――カナダです。

c. サラはどうやって空港に着きましたか。――バスです。

d. サラは空港で何に気づきましたか。――彼女はかぎを持ってくるのを忘れました。

e. サラを助けに空港に行ったのは誰ですか。――彼女の父親でした。

2　a. ①　b. ③　c. ②　d. ②　e. ③

読まれる英文と質問文（各2回くり返す）————————**CD A 72〜85**

74 Yuki is a high school student in Tokyo. Last summer she went to Australia with her father and mother. When they arrived there, it was not summer. It was winter and very cold. In Australia, they went to many places. When Yuki visited a high school, some students were studying Japanese. They said they were interested in the Japanese language, Japanese 'anime', and many other things made in Japan. After staying for two weeks, Yuki and her parents returned to Japan. When they arrived at Narita Airport, it was very hot. They felt like going back to Australia.

75 Question a. When did Yuki go to Australia?
76 Question b. Who did Yuki go to Australia with?
77 Question c. When Yuki went to Australia, what season was it there?
78 Question d. What did the students studying Japanese say?
79 Question e. How many days did Yuki stay in Australia?

［解説］

a. Last summer she went to Australia より①を選ぶ。

b. she went to Australia with her father and mother より③を選ぶ。

c. When they arrived there, it was not summer. It was winter 〜.より②を選ぶ。

d. They said they were interested in the Japanese language, Japanese 'anime', and many other things made in Japan. より，彼らは日本のものに興味があると言ったことがわかるので，②を選ぶ。

e. After staying for two weeks より，2週間は14日なので，③を選ぶ。

［全訳］

　ユキは東京の高校生です。去年の夏に彼女は父母と一緒にオーストラリアに行きました。彼女たちがそこに着

いたとき，夏ではありませんでした。冬で，とても寒かったのです。オーストラリアでは，彼女たちはたくさんの場所に行きました。ユキが高校を訪れたとき，日本語を勉強している生徒もいました。彼らは，日本語や，日本のアニメや，日本で作られたたくさんのほかのものに興味があると言いました。2週間の滞在のあと，ユキと両親は日本に戻りました。彼女たちが成田空港に着いたとき，とても暑かったのです。彼女たちはオーストラリアに戻りたい気持ちになりました。

a．ユキはいつオーストラリアに行きましたか。——去年の夏です。

b．ユキは誰と一緒にオーストラリアに行きましたか。——彼女の両親です。

c．ユキがオーストラリアに行ったとき，そこの季節は何でしたか。——冬でした。

d．日本語を勉強している生徒たちは何と言いましたか。——彼らは日本のものに興味があると言いました。

e．ユキは何日オーストラリアにいましたか。——14日間です。

3　a．③　b．③　c．②　d．②　e．①

― 読まれる英文と質問文（各2回くり返す）――――――――――――――――――――――― CD A 86〜99 ―

88 Julia's father was born on a farm in a small village.　When he was young, he had many things to do.　He used to wake up early.　He gave the animals water and food, and he kept them healthy.　His days on the farm were long, but his secret to success was working hard.

Today, many young people don't work on farms.　They work in offices with computers. Julia's father wants her to go to university, so she is studying farming there.　She wants to help her father, and he is proud of her.

89 Question a.　Where was Julia's father born?

90 Question b.　What did Julia's father do when he was young?

91 Question c.　For Julia's father, what was his secret to success?

92 Question d.　What does Julia's father want Julia to do?

93 Question e.　What does Julia's father feel about his daughter?

［解説］

a．ジュリアのお父さんが生まれた場所を聞かれている。Julia's father was born on a farm を聞きとり，③を選ぶ。

b．ジュリアのお父さんが若いときにしたことを聞かれている。He gave the animals water and food, and he kept them healthy. を聞きとり，③を選ぶ。

c．ジュリアのお父さんの成功の秘訣については，his secret to success was working hard より，②を選ぶ。

d．ジュリアのお父さんがジュリアにしてほしいことは，Julia's father wants her to go to university を聞きとり，②を選ぶ。

e．ジュリアのお父さんがジュリアに対して感じていることは，he is proud of her を聞きとり，①を選ぶ。

［全訳］

　ジュリアのお父さんは小さな村の農場に生まれました。彼は若かったころ，やらなければいけないことがたくさんありました。彼は早く起きたものでした。彼は動物たちに水と食べ物を与え，それらを健康に保ちました。彼の農場での日々は長かったですが，彼の成功の秘訣は一生懸命働くことでした。

　現在，多くの若者は農場で働きません。彼らはコンピュータのある会社で働きます。ジュリアのお父さんは彼女に大学に行ってほしいと思っているので，彼女はそこで農場経営を学んでいます。彼女はお父さんを手伝いたいと思っていて，彼は彼女を誇りに思っています。

a．ジュリアのお父さんはどこで生まれましたか。——彼は農場で生まれました。

b．ジュリアのお父さんは若いときに何をしましたか。——彼は動物たちに水や食べ物を与え，それらを健康に保ちました。

c．ジュリアのお父さんにとって，成功の秘訣は何でしたか。——それは一生懸命働くことでした。

d．ジュリアのお父さんはジュリアに何をしてほしいと思っていますか。——彼は彼女に大学に行ってほしいと思っています。

e．ジュリアのお父さんは娘についてどう感じていますか。——彼は彼女を誇りに思っています。

4　a．②　b．②　c．③　d．①　e．③

― 読まれる英文と質問文（各2回くり返す）――――――――――――――――――――――― CD B 01〜14 ―

03 I'm Harry from London.　I came to Japan two years ago.　First, I lived in Fukuoka for a year, then moved to Osaka.　Now I live there and go to high school.　I'm planning to go to college in Tokyo and will study Japanese history.

I have a sister named Cathy.　She is a high school student in London.　She is interested in science.　She also wants to come to Japan to study it in the future.　She keeps a diary in Japanese.　She thinks it is a good way to learn Japanese.

04 Question a.　When did Harry come to Japan?

05 Question b.　Where does Harry live now?

06 Question c.　What kind of subject does Harry want to study in college?

07 Question d.　Who is Cathy?

08 Question e.　How does Cathy study Japanese?

[解説]

a. I came to Japan two years ago.「私は2年前に日本に来ました」と言っているので，②が正解。

b. ～ then moved to Osaka.　Now live there and ...「～それから大阪に引っ越しました。今，私はそこに住み，…」と言っているので，今は大阪にいる。②が正解。

c. I'm planning to go to college in Tokyo and will study Japanese history.「私は東京の大学に通う予定で，日本の歴史を勉強するつもりです」と言っているので，③が正解。

d. I have a sister named Cathy.　She is a high school student in London.「私にはキャシーという名の姉〔妹〕がいます。彼女はロンドンの高校生です」と言っているので，①が正解。

e. She keeps a diary in Japanese.　She thinks it is a good way to learn Japanese.「彼女は日本語で日記をつけています。彼女はそれが日本語を学ぶよい方法だと思っています」と言っているので，③が正解。

[全訳]

　私はロンドン出身のハリーです。私は2年前に日本に来ました。まず，私は福岡に1年間住み，それから大阪に引っ越しました。今，私はそこに住み，高校に通っています。私は東京の大学に通う予定で，日本の歴史を勉強するつもりです。

　私にはキャシーという名の姉〔妹〕がいます。彼女はロンドンの高校生です。彼女は科学に興味があります。彼女も将来，それを勉強するために日本に来たいと思っています。彼女は日本語で日記をつけています。彼女はそれが日本語を学ぶよい方法だと思っています。

a. ハリーはいつ日本に来ましたか。――2年前です。

b. ハリーは今，どこに住んでいますか。――大阪です。

c. ハリーは大学でどんな科目を勉強したいと思っていますか。――日本の歴史です。

d. キャシーとは誰ですか。――彼女はハリーの姉〔妹〕で，ロンドンの高校に通っています。

e. キャシーはどうやって日本語を勉強していますか。――彼女は日本語で日記を書いています。

Part 2　Reading

7　長文⑴　内容理解　〈実践演習 p.30〉

1　a. ②　b. ①　c. ③　d. ①　e. ③

[解説]

a.「私は自分の町について（①スピーチ　②情報　③英語の授業）を集めはじめました」　第1段落第2文のI started looking for good stories about it. や第2段落より，探していたのは町についての「情報」とわかる。

b.「私はインターネットから（①役に立つ話をまったく得られませんでした　②役に立つ話をたくさん得られました　③役に立つよい話を得られました）」　第2段落第2文の..., but I couldn't. とは，..., but I couldn't get a lot of good information. という意味で，インターネットからはよい情報が得られなかったことがわかる。

c.「私は図書館にいた男性に，（①「私のスピーチについて知っていますか」　②「町について知っていますか」　③「町についての本はありますか」）と言いました」　第3段落第3文I asked the man at the counter if ... のif は「…かどうか」という意味。町についての本があるかどうか尋ねたのである。

d.「その男性は (①長い間町に住んでいたので　②図書館で働いていたので　③本からたくさんのことを学んだ
　　ので) 町のことをよく知っていました」　第3段落第7文の He had lived here for sixty years and
　　knew a lot about the town. より,長い間町に住んでいることが理由とわかる。

e.「(①インターネット　②図書館の本　③図書館にいた男性) のおかげで,私はいいスピーチができるでしょ
　　う」　スピーチのための話は,図書館にいた男性から得られたのである。

〔全訳〕

　私は次の英語の授業でスピーチをしなければなりません。私は自分自身の町について話すことに決めたので,
それについてのいい話を探しはじめました。

　最初に私はインターネットを使って,町の名前を入力しました。私はとても素早くたくさんのいい情報を得られ
ると思ったのですが,できませんでした。私の町についてのホームページはいくつかあったのですが,間違っ
ているものもあれば,私たちみんながすでに知っている話もあることに気づきました。

　次に私は図書館に行きました。私は役に立つ本を見つけようとしましたが,またできませんでした。私はカウ
ンターにいた男性に,町についての本があるかどうか尋ねました。彼は「申し訳ありませんが,ほとんどありま
せん,しかしあなたは何を知りたいのですか」と言いました。それで私は彼にスピーチのことを説明しました。
そうしたら,彼は「私たちの町について私が知っていることを全部,あなたに話すことができますよ」と言いま
した。彼はここに60年間住んでいたので,町のことをたくさん知っていたのです。私は彼からたくさんのことを
学びました。私はおもしろいスピーチをすることができるでしょう。

2　**a.**②　**b.**②　**c.**①　**d.**①　**e.**①

〔解説〕

a.「トモミは (①自分自身について話すこと　②自分のホームステイ　③オーストラリアで家族と一緒に働くこ
　　と) を楽しんでいます」　第1段落第3文の I'm enjoying it very much now. の it は, my stay in
　　Australia を指すので,ホームステイを楽しんでいるとわかる。

b.「(①バスが好き　②家が学校から遠い　③村に住んでいる) (な) のでトモミの学校にはスクールバスで通学
　　する生徒もいます」　第2段落第2文の because they live far away from school から,家が学校から遠
　　いとわかる。

c.「ジェーンは (①トモミと同じ歳です　②トモミよりも年上です　③家族の中でもっとも年上です)」　第3段
　　落第2文の Jane is the same age as me より,トモミと同じ歳であることがわかる。

d.「マークは (①家族と一緒に夕食を食べるために　②部屋を掃除するために　③日本の新聞を読むために) 普
　　通は5時30分に帰宅します」　第3段落の内容より,一緒に夕食を食べるために決まった時間に帰宅するこ
　　とがわかる。

e.「トモミは日本の家族について考えるときに違いを感じます,なぜなら (①彼らは一緒に食事をする機会が
　　だんだん減っているからです　②彼らは一緒に食事をする機会がだんだん増えているからです　③彼らは一
　　緒に食事をする機会がないからです)」　第3段落の最後の2文より,日本の家族は一緒に食事をする機会が
　　減っていることがわかる。

〔全訳〕

　こんにちは,私はトモミです。オーストラリアでの滞在についてお話しさせてください。私は今,それをとて
も楽しんでいます。

　私の学校は,シドニーから約80マイル離れた町にあります。歩いて通学している生徒もいれば,学校から遠い
ところに住んでいるのでスクールバスで通学している生徒もいます。私は学校でたくさんの友達ができました。

　私のホストファミリーは3人家族です。ジェーンは私と同じ年齢で,私たちは一緒に学校に通います。マーク
は,会社員で,この地での私のお父さんなのですが,毎晩5時半にはいつも仕事から帰ってきます。彼が遅く帰
宅することは,ほとんどありません。6時には,家族全員が夕食のテーブルに集まります。リサは,この地での
私のお母さんなのですが,この国ではほとんどの家族が,一緒に食事をすることは大切だと考えているのだと私
に教えてくれました。日本の家庭ではどうでしょうか。私は日本の新聞で,日本の家族は一緒に夕食を食べるこ
とはだんだん難しくなってきていると読んだことがあります。彼らと私たちの間には,大きな違いがあります。

3　**a.**②　**b.**①　**c.**③　**d.**①　**e.**②

〔解説〕

the following「下記のもの」　It's great to be here. は形式主語構文。do well「うまくいく,成功する」
help *oneself* to ～ は「～を自分で取って食べる〔飲む〕」という意味。

a.　6月13日の日記の第1文に「今日は私のアメリカでの最初の日で,初めての外国暮らしだ」とあるので,②

が正解。

b. 6月25日の日記の最初に「私はアメリカ人のホストファミリーと暮らしている」とあるので，①が正解。

c. 6月25日の日記の第1段落第4文に「…今朝，ヴァレリーが『ティムと私は帰りが遅くなるから，今夜は料理ができないの』と言った」とあるので，③が正解。

d. 6月25日の日記の第2段落第1文に「私は，ヴァレリーが夕食の手伝いを必要としていると思った」とあり，同じ段落の最後から2文目に「彼女は『Help yourself というのは，欲しいものを何でも食べなさいという意味なのよ』と言った」とある。つまり，ダニエラは Help yourself の意味がわからずに家族の分の夕食を買ってしまったのだから，①が正解。

e. 7月5日の日記の第3文〜最終文には，ダニエラが独立記念日にホストファミリーやその友人たちと庭でバーベキューをしたり，花火を見て楽しんだりしたことが書かれているので，②が正解。

[全訳]

　ダニエラはブラジル出身の22歳の学生です。以下は彼女の日記からの文章です。

6月13日

　今日は私のアメリカでの最初の日で，初めての外国暮らしだ。いろんなものが目新しい。ここに来れて最高だ。うまくいくといいな。

6月25日

　私はアメリカ人のホストファミリーと暮らしている，ヴァレリーとティム，それに娘のメーガン。彼らは本当にいい人たちだ。毎日，私は新しいことを学んでいる。例えば，今朝，ヴァレリーが「ティムと私は帰りが遅くなるから，今夜は料理ができないの。夕食に"Help yourself to anything"」と言った。

　私は，ヴァレリーが夕食の手伝いを必要としていると思った。だから私はみんなにテイクアウトの中国料理を買った。ヴァレリーが帰宅したとき，彼女は「ダニエラ，どうして食事を買ったの？　私たちは（食べ物は）たくさんあるのよ」と言った。私は説明した。彼女は「Help yourself というのは，欲しいものを何でも食べなさいという意味なのよ」と言った。私たちは笑ってその料理を食べた。

7月5日

　昨日は独立記念日だった。それはここの大きな祝日だ。ホストファミリーは庭でバーベキューをした。彼らの友達やご近所さんも来た。みんなとても親切で温かかった。そのあと，私たちは美しい花火を見て楽しんだ。

4　**a.** ③　**b.** ①　**c.** ②　**d.** ②　**e.** ③

[解説]

true of 〜「〜にあてはまる」　have a chance to *do*「〜する機会がある」　work for 〜「〜に勤める」　at the age of 〜「〜歳のときに」　〈spend＋時間＋〜ing〉「〜するのに（時間）を費やす」

a. 第1段落第4文に「このために，彼女はアメリカの WWDC と呼ばれる大きな会議に招待されました」とある。Because of this「このために」の this は前文の「彼女が『ひなだん』というスマートフォンゲームアプリを開発したこと」を指しているので，③が正解。

b. 第1段落第6文に「会議の前日，彼女は彼と話す機会がありました」とあるので，①が正解。

c. 第2段落第2文に「高校を卒業したあと，彼女は大手の銀行に勤めはじめました」とあるので，②が正解。

d. 第2段落最終文に「自宅で母親の介護をしながら，彼女はオンラインで学ぶことに時間を費やしたり，インターネットを楽しんだりしました」とあるので，②が正解。

e. 最終段落に「60歳で私の世界は広がりました。私は翼を手に入れたのです！」とある。若宮さんが「翼」と表現しているのはコンピュータやインターネットのことだと考えられるので，③が正解。

[全訳]

　「新しいことを始めるのに，遅すぎるということは決してない」　これは87歳のプログラマー，若宮正子さんの場合にもまったくあてはまります。彼女は2017年にスマートフォンゲームアプリ「ひなだん」を開発しました。このために，彼女はアメリカの WWDC と呼ばれる大きな会議に招待されました。そこで，アップル社の最高経営責任者であるティム・クックは若宮さんを「最年長の開発者」と紹介しました。会議の前日，彼女は彼と話す機会がありました。ティムは彼女に，「あなたは本当に私を鼓舞してくれました」と言いました。

　若宮さんは東京で生まれました。高校を卒業したあと，彼女は大手の銀行に勤めはじめました。60歳で退職する直前に，彼女はコンピュータを購入しました。自宅で母親の介護をしながら，彼女はオンラインで学ぶことに時間を費やしたり，インターネットを楽しんだりしました。

　彼女が自分でゲームアプリを開発しはじめたとき，彼女は80歳を超えていました。彼女はプログラミングに挑戦するために，本を数冊買いました。わからないことがあると，彼女はインターネットを通じて人々に助言を求

めました。

　彼女は「60歳で私の世界は広がりました。私は翼を手に入れたのです！」と言っています。

8　長文(2)　会話文　〈実践演習 p.36〉

1 　(a)—②　(b)—⑤　(c)—④　(d)—①　(e)—⑥

[解説]

(a), (b)　(a)はそのあとに Yes. という応答があるので，疑問文が入る。(b)の答えとセットになるものを考えると，(a)に②「今日の午後にシカゴ行きの列車はありますか」，(b)に⑤「２時45分発です」を入れると，あとの「では，シカゴに到着するのは何時ですか」にも自然につながる。

(c)　この空所のあとに「160ドルです」という応答があるので，値段を尋ねる表現の④「運賃はいくらですか」が適切。

(d)　この空所のあとでジミーが Yes, please.「はい，お願いします」と言い，クレジットカードが使えるかどうか尋ねているので，①「今チケットをお求めになりますか」が適切。

(e)　クレジットカードを見せるよう求められたあとなので，⑥「はい，どうぞ」が適切。

[全訳]

チケット売り場：いらっしゃいませ。

ジミー　　　　：今日の午後にシカゴ行きの列車はありますか。

チケット売り場：はい。２時45分発です。

ジミー　　　　：では，シカゴに到着するのは何時ですか。

チケット売り場：10時30分です。

ジミー　　　　：運賃はいくらですか。

チケット売り場：160ドルです。

ジミー　　　　：座席の予約はできますか。

チケット売り場：もちろんです。今チケットをお求めになりますか。

ジミー　　　　：はい，お願いします。クレジットカードでお願いできますか。

チケット売り場：ええ，できますよ。クレジットカードを拝見してもよろしいですか。

ジミー　　　　：はい，どうぞ。

チケット売り場：ありがとうございました。こちらがチケットで，こちらが領収書です。

ジミー　　　　：ありがとう。

チケット売り場：どういたしまして。すてきなご旅行を！

2 　(a)—⑤　(b)—①　(c)—③　(d)—⑥　(e)—②

[解説]

(a)　このあとの２人の発言から，２人は住居から職場までの距離について話していると判断できる。(a)の発言に対してマーサは Yes, it is. と答えていることから，⑤「職場にはとても近いんだよね」が適する。

(b)　(b)の発言に対して，キャロルは「バスで20分くらいかかるわ」と言っているので，所要時間を尋ねる疑問文の①「あなたはどのくらい時間がかかるの？」が適する。

(c)　直後にキャロルが「これはとてもおいしいね！」と言っているので，これまでとは話題が変わって，食べ物について発言した③「さあ，とにかく，ケーキを召しあがれ」が適する。

(d)　直前にマーサが「私はたいてい週末に何かを焼くの」と言い，さらに直後にキャロルが「あなたは料理がとても上手なのね！」と言っているので，⑥「家で甘いものを食べるのが好きなのよ」が適する。

(e)　直後に「ふだんは夫のデイビッドが料理を全部やるの」と言っているので，②「私は料理はあまり上手じゃないの」を入れれば，話の流れに合う。

[全訳]

キャロル：これはすてきな家ね。

　マーサ：ありがとう，キャロル。気に入ってくれてうれしいわ。

キャロル：職場にはとても近いんだよね。

　マーサ：うん，そう。そこへはいつも歩いて行くの，雨が降っていてもね。

キャロル：私は職場までバスに乗らなきゃならないの。私はかなり遠くに住んでいるの。

　マーサ：あなたはどのくらい時間がかかるの？

キャロル：そうね，バスで20分くらいかかるわ。

　マーサ：それは歩くには遠すぎるみたいね。さあ，とにかく，ケーキを召しあがれ。

キャロル：これはとてもおいしいね！　あなたが自分で作ったの？

　マーサ：うん。私はたいてい週末に何かを焼くの。家で甘いものを食べるのが好きなのよ。

キャロル：あなたは料理がとても上手なのね！

　マーサ：ありがとう。私はそれが好きなのよ。

キャロル：私は料理はあまり上手じゃないの。ふだんは夫のデイビッドが料理を全部やるの。

　マーサ：よく外食するの？

キャロル：うん，彼が料理する時間が十分にないときはね。

　マーサ：市内にはすばらしいレストランがいくつかあるものね。

3　(a)—④　(b)—③　(c)—⑥　(d)—⑤　(e)—①

[解説]

(a)　ロバートとテッドがテレビゲームをしている場面。ロバートが「ぼくが勝ちそうだよ」と言っているので，テッドの悔しい気持ちを表す④「信じられない！」が適切。

(b)　このあとの2人のやりとりから，ゲームが終わってしまったことがわかるので，③「ゲームオーバーだ！」が適切。

(c)　もう一度ゲームをしないのかと問われたロバートが「もちろんやりたいよ」と答えているので，このあとに逆接の接続詞で始まる⑥「でもぼくは日曜の午後はいつも宿題をするんだ」を入れれば，そのあとのテッドの発言にうまくつながる。

(d)　直後でテッドが「ええ，なんだよ！」と言っているので，⑤「それに，ぼくは日曜日はたいてい早く寝るんだ」を入れれば，テッドの「今夜遅くまで起きてそれをすればいいよ」という提案に同意しない理由となる。

(e)　直後でロバートが「わかったよ。たぶんあとほんの10分だけさ！」と言っているので，①「もう1ゲームやるのはどう？」を入れれば，「ほんの10分だけ」というロバートの発言にも合う。

[全訳]

ロバート：ぼくはこのテレビゲームが大好きなんだ，テッド。ほら，ぼくが勝ちそうだよ。

　テッド：本当に？　信じられない！

ロバート：ぼくはすばらしいプレーヤーなんだ。あれ，しまった，何が起きてるんだ？

　テッド：あれ！　そっちじゃないよ。ゲームオーバーだ！

ロバート：まあいいや。どっちみち勉強しなきゃいけないし。

　テッド：え？　もう一度プレーしたくないの？

ロバート：もちろんやりたいよ。でもぼくは日曜の午後はいつも宿題をするんだ。

　テッド：今夜遅くまで起きてそれをすればいいよ。

ロバート：うーん，そうだなあ。ぼくは夜に勉強するのは好きじゃないんだ。それに，ぼくは日曜日はたいてい早く寝るんだ。

　テッド：ええ，なんだよ！　ぼくらは楽しんでるじゃないか。もう1ゲームやるのはどう？

ロバート：わかったよ。たぶんあとほんの10分だけさ！

　テッド：そうこなくっちゃ！　そのあとに宿題をやろう。

❾　長文⑶　絵と会話文　〈実践演習 p.40〉

1　a.⑤　b.③　c.①　d.④　e.②

[解説]

a. 何かを探している様子から，I lost my contact lens「私はコンタクトレンズをなくした」のある⑤を選ぶ。

b. コンタクトレンズを見つけた様子から，Oh, here it is!「あっ，ここにあった！」，That's it!「それそれ！」のある③を選ぶ。

c. 日本からやって来たことを説明しているので，I came from Japan「私は日本から来た」のある①を選ぶ。

d. カフェテリアの説明をしているので，I was on my way to the cafeteria「私はカフェテリアへ行く途中だった」のある④を選ぶ。

e. 飲み物を買おうとしている様子から，I'll buy you a drink.「私はあなたに飲み物を買おう」のある②を選ぶ。

［全訳］

⑤ケン：どうしたのですか。何か探しているのですか。

　トム：ええ，ぼくはこのあたりでコンタクトレンズをなくしたんです。

③ケン：お手伝いしますよ…あっ，ここにあった！

　トム：それそれ！　どうもありがとうございます。ええと，きみは新入生？

①ケン：ああ，ぼくの名前はケン。数日前に日本から来たばかりなんだ。

④トム：ぼくの名前はトムだよ。カフェテリアへ昼食に行く途中だったんだ。

　ケン：ああ，ぼくもそこへ向かっていたところだよ。

②トム：ぼくを助けてくれてありがとう。きみに飲み物を買うよ。好きなものを何でも選んで。

　ケン：そんなことしなくていいよ。何てことないさ。

2　a．③　b．⑤　c．①　d．④　e．②

［解説］

a．ペンについて母親に尋ねている様子から，do you know where my pen is？「私のペンがどこにあるか知っている？」のある③を選ぶ。

b．手紙を書いている様子から，I used it to write a letter「私は手紙を書くのにそれを使った」のある⑤を選ぶ。

c．シャツのポケットにペンを入れている様子から，I put it in my shirt pocket.「私はそれをシャツのポケットに入れた」のある①を選ぶ。

d．母親が洗濯機を使っている様子から，I started it「私はそれ（＝洗濯機）を動かしはじめた」のある④を選ぶ。

e．色に染まったシャツを見て困っている様子から，My shirt turned green！「私のシャツが緑色になった！」のある②を選ぶ。

［全訳］

③ジム：お母さん，ぼくのペンがどこにあるか知っている？

　母親：知らないわ。最後に使ったときを思い出してみたら。

⑤ジム：ええと，けさ手紙を書くのにそれを使ったな。

　母親：そしてそのあとは？

①ジム：ええと…今思い出した。それをシャツのポケットに入れたんだ。

　母親：あなたのシャツのポケット？　でも今は，あなたのポケットにペンはないわよ。

　ジム：手紙を書き終えたあとにこのシャツに着替えて，そのシャツを入れたのは…あっ！

④ジム：ぼくはそれを洗濯機に入れたんだ！

　母親：何ですって？　私はそれを1時間ほど前に動かしはじめて，もう終わっていると思うわ。

②ジム：どうなってるか行って見てくるよ…ああ，自分の目が信じられない！　ぼくのシャツが緑色になった！

　母親：そして洗濯機の中のものも全部，緑色になったわ。もっと注意深くしなきゃ！

3　a．②　b．⑤　c．④　d．③　e．①

［解説］

① カーターさんが「私は昼食を楽しみました」と言っているのだから，昼食を食べている場面よりもあと，つまりe.にあてはまる。

② カーターさんが「私たちはよい会議ができました」と言っている。現在完了形 have had が使われているのだから，会議の直後の場面，つまりa.にあてはまる。

③ カーターさんが「これはとてもおいしいです」と言っているので，昼食を食べている場面のd.にあてはまる。

④ カーターさんが「料理の選択肢がたくさんありますね」と言っているので，食堂の前でサンプルを見ている場面のc.にあてはまる。

⑤ サトウさんが「我が社の社員食堂で一緒に昼食を食べるのはいかがですか」と言っているので，食堂に着く前のb.にあてはまる。

［全訳］

②カーターさん：どうもありがとうございました，サトウさん。今日，私たちはよい会議ができました。

　サトウさん：同感です。お越しいただきありがとうございました。

⑤ サトウさん：おや，もうすぐ正午ですね。カーターさん，我が社の社員食堂で一緒に昼食を食べるのはいかがですか。

カーターさん：いいですね。私は今，とてもお腹がすいています。

④カーターさん：料理の選択肢がたくさんありますね。決められないわ。

　サトウさん：ここは全部おいしいですよ。私は日替わりランチにします。

③カーターさん：これはとてもおいしくて，健康的なようですね。

　サトウさん：気に入っていただけてうれしいです。私はたいていここで昼食を食べるんです。

　カーターさん：うらやましいわ。私の会社には自社の食堂はないんです。

①カーターさん：昼食を楽しんでよい時間を過ごせました。サトウさん，本当にありがとうございました。

　サトウさん：どういたしまして。来週の金曜日の会議でお会いしましょう。

4　a．②　b．④　c．①　d．⑤　e．③

[解説]

① ケンが「次のバス停で降りるよ」と言っているので，バスの中を描いている c．にあてはまる。

② ケンが「今週末，ぼくと一緒にそこ（＝市立美術館）に行かない？」と言っているので，最初の絵である a．にあてはまる。

③ メグが「これがあなたの絵だよね？」と言っているので，絵を実際に見ている e．にあてはまる。

④ ケンが「あそこからバスに乗るよ」と言っているので，バス停を指差している b．にあてはまる。

⑤ メグが「チケットはいくら？」と言い，さらにケンが「無料券が2枚あるんだ」と言っているので，美術館の前で男性がチケットを2枚持っている d．にあてはまる。

[全訳]

②メグ：ケン，あなたの絵が市立美術館に展示されるって聞いたよ。私はそれを見たいな。

　ケン：本当に？　今週末，ぼくと一緒にそこに行かない？

　メグ：うん，もちろん。

④メグ：おはよう，ケン。

　ケン：おはよう，メグ。あそこからバスに乗るよ。

①ケン：次のバス停で降りるよ。

　メグ：わかった。私，わくわくしてるわ。美術館が混んでないといいな。

⑤メグ：チケットはいくら？

　ケン：無料券が2枚あるんだ。きみはチケットを買う必要はないよ。

　メグ：やったー。

③メグ：これがあなたの絵だよね？　とても気に入ったわ。あなたはすばらしい画家だね。

　ケン：ありがとう，でもね…それ，上下逆さまなんだ。

Part 3　Writing

10　適語選択　　　　　　　　　　　　　　　　　〈実践演習 p.48〉

1　a．③　b．③　c．③　d．③　e．①

[解説]

a．「あなたの友達の1人」は，所有格の代名詞 yours を用いて，a friend of yours で表す。

b． 主語の Both Ken and I は複数なので are を選ぶ。直前の I につられて am を選ばないようにする。

c． take care of ... で「…の世話をする」という意味。

d． for example で「例えば」という意味。

e． leave＋O(me)＋C の形。「1人にしないで」という意味になるように，alone「ただ1人の」を選ぶ。nothing は「何も～ない」，one は「1人（の）」という意味。

[全訳]

a． 私は昨日，通りであなたの友達の1人に会いました。

b． ケンも私もサッカーが好きです。

c． 彼女は弟〔兄〕の世話をしました。

d． 私は果物が好きです。例えば，リンゴは大好きです。

e． 私を1人にしないでください。あなたについていきます。

2　a．③　b．②　c．②　d．①　e．③

[解説]

a． fall asleep で「寝入る」という意味。

b． thanks to ～で「～のおかげで」という意味。

c．〈命令文, and ～〉は「…しなさい，そうすれば～」という意味で，〈命令文, or ～〉は「…しなさい，さもないと～」という意味。ここでは or だと文の意味が通る。

d． あとに〈O(me)＋原形不定詞（laugh)〉が続いている。「私を笑わせる」と考え makes を選ぶ。〈make＋O＋原形不定詞〉で「O に～させる」という意味。

e．「(2人のうち) 1人は～，もう1人は…」というときは，one ～, the other ... を用いる。

[全訳]

a． その少年はベッドに入ったあとすぐに寝入りました。

b． あなたのアドバイスのおかげで，私はレポートを書き終えることができました。

c． 急ぎなさい，さもないと電車に乗り遅れますよ。

d． 彼の話はいつも私を笑わせます。

e． 私には2人の姉妹がいます。1人は大学生で，もう1人は銀行で働いています。

3　**a．**③　**b．**③　**c．**②　**d．**③　**e．**①

[解説]

a． help ～ with ... で「～の…を手伝う」という意味になる。

b． on foot で「徒歩で，歩いて」という意味になる。

c． milk は数えられない名詞なので，a few/few ではなく a little/little で修飾する。なお，a little は「少しある」，little は「ほとんどない」という意味になる。

d．「風邪をひいた」ことの結果が「昨日は泳ぎに行かなかった」ことなので，〈結果〉を表す so「それで」を選ぶ。

e． get off ～で「～を降りる」という意味になる。②の take off ～は「(衣服など)を脱ぐ」，③の turn off ～は「(スイッチなど)を止める，切る」の意味を表す。

[全訳]

a． 私の宿題を手伝ってくれますか。

b． A：あなたはどうやってここに来ましたか。B：私は歩いてここに来ました。

c． 私のカップには牛乳が少しあります。

d． 私は風邪をひいたので，昨日は泳ぎに行きませんでした。

e． そのお年寄りの男性はゆっくりと列車を降りました。

4　**a．**①　**b．**②　**c．**③　**d．**①　**e．**③

[解説]

a． for the first time で「初めて」。

b． $500「500ドル」という値段の話なので，②price「値段」が正解。

c． ①「穏やかに」，②「大声で」，③「広く」の中で文意に合うのは③。

d． Bが「歩いて学校に通っています」と答えているので，手段を尋ねる①How が正解。

e． stay up late で「夜遅くまで起きている」という意味なので，③が正解。

[全訳]

a． 私は初めてアメリカに行きます。

b． この冷蔵庫の値段は500ドルです。

c． コンピュータは世界中であらゆる年齢層の人々に広く使われています。

d． A：あなたはどうやって学校に通っていますか。B：私は歩いて学校に通っています。

e． 私は宿題を終わらせるために，昨夜は夜遅くまで起きていました。

5　**a．**③　**b．**①　**c．**③　**d．**③　**e．**②

[解説]

a． thanks to ～で「～のおかげで，～のせいで」という意味。

b． Bが「夏がいちばん好きです」と言っているので，「どの季節がいちばん好きですか」という疑問文だと判断し，①season「季節」を選ぶ。

c． What's wrong with you?「どうしましたか」は，相手の様子がおかしいときに，相手を気づかって言う決まり文句。

d．change A into B で「A を B に変える」。特に A と B が通貨である場合は，「A を B に両替する」という意味になる。

e．「イヌを見て逃げた」という文脈に合う②quickly「急いで」を選ぶ。

[全訳]

a．おじのおかげで，私は就職できました。

b．A：あなたはどの季節がいちばん好きですか。　B：私は夏がいちばん好きです。

c．A：どうしたの？　B：頭痛がするんだ。

d．私は日本円をアメリカドルに両替しました。

e．帰宅途中に大きなイヌを見たので，私は急いで逃げました。

6　**a**．②　**b**．①　**c**．①　**d**．③　**e**．③

[解説]

a．「年」「月」「午前・午後」を表す語（句）の前に置く前置詞は②in。

b．①bank には「土手，岸」という意味があるので，①が正解。

c．B が「いいえ，今回は 2 回目です」と答えているので，①first が正解。

d．〈tell＋人＋the way to ～〉で「（人）に～へ行く道を教える」という意味を表すので，③tell が正解。

e．「（あなたが）待っている（　　）お茶を 1 杯いかがですか」という意味なので，③while「～の間に」を入れれば文意が通る。

[全訳]

a．渋沢栄一は1840年に生まれました。

b．私たちは川岸の近くで野球をしました。

c．A：あなたが日本へ旅行するのは今回が初めてですか。B：いいえ，今回は 2 回目です。

d．駅へ行く道を教えてもらえますか。

e．待っている間にお茶を 1 杯いかがですか。

7　**a**．①　**b**．①　**c**．③　**d**．③　**e**．①

[解説]

a．last は動詞だと「続く」を意味するので，あとに続く前置詞も期間を表す①for がふさわしい。

b．boil water「湯を沸かす」のに使う道具は①kettle「やかん」。②knife は「ナイフ」，③knock は「ノック」。

c．any は否定文中で「少しも～ない」という意味を表す。

d．either A or B で「A か B かのどちらか」の意味を表す。

e．arrive at, get to, reach の意味はいずれも「到着する」だが，前置詞 at があるので①arrived を選ぶ。

[全訳]

a．あらしは 5 日間続きました。

b．やかんは湯を沸かすのに使われます。

c．私たちは今日，テレビゲームをする時間がまったくありません。

d．私の兄〔弟〕か私のどちらかが私たちの部屋を掃除しなければなりません。

e．私たちは10時に駅に到着しました。

8　**a**．③　**b**．①　**c**．③　**d**．③　**e**．②

[解説]

a．from ～ to … で「～から…まで」という意味になる。

b．to look at arts「芸術作品を見るために」とあるので，行く場所として適切なのは①museum「美術館」。

c．主語が Her story「彼女の話」なので，③surprising「驚くべき，意外な」が適切。

d．〈命令文, or …〉で「～しなさい，さもないと…」という意味になる。

e．look up ～「～を調べる」の形になるように②を選ぶ。

[全訳]

a．私の父は月曜から金曜まで働きます。

b．私は芸術作品を見るために美術館へ行く予定です。

c．彼女の話は意外に感動的でした。

d．コートを着なさい，さもないと風邪を引きますよ。

e．私の姉〔妹〕は辞書で新しい単語を調べます。

11　語形変化
〈実践演習 p.52〉

1　**a.** ②　**b.** ③　**c.** ①　**d.** ②　**e.** ②

[解説]

a. 主語が This library「この図書館」なので，受動態〈be 動詞＋過去分詞〉の形にする。

b. decide は動名詞ではなく to 不定詞を目的語にとる動詞。

c. 〈let＋O＋原形不定詞〉で「O に～させてやる」という意味。

d. beat は過去形（現在形なら，Who は 3 人称単数扱いなので，beats となるはず）なので，過去形の did。

e. 〈want＋O＋to 不定詞〉で「O に～してほしい」という意味。

[全訳]

a. この図書室は15年前に作られました。

b. 彼らはその件を話し合うことに決めました。

c. 彼女のお母さんは彼女をパーティに行かせました。

d. A：誰があなたに勝ったの？　B：ジョンだったよ。

e. 私はあなたに私と一緒に来てほしいのです。

2　**a.** ③　**b.** ③　**c.** ②　**d.** ③　**e.** ③

[解説]

a. 「私が部屋に入った」という過去の時点でしていた動作を表すので，過去進行形にする。

b. enjoy は to 不定詞ではなく動名詞を目的語にとる動詞。

c. happy「うれしい」の〈原因〉を表す to 不定詞の形にする。

d. a letter を修飾する語を選ぶ。a letter と send は「手紙が送られる」という受け身の関係なので，過去分詞。

e. 「私が今まで見た中で」とあるので，「もっともわくわくする映画」という最上級の内容にする。

[全訳]

a. 私が部屋に入ったとき，姉〔妹〕は本を読んでいました。

b. あなたは彼らと野球をして楽しみましたか。

c. 私たちはその知らせを聞いてうれしく思いました。

d. 私は彼女に，トムから私に送られた手紙を見せました。

e. これは私が今まで見た中で，もっともわくわくする映画です。

3　**a.** ②　**b.** ③　**c.** ③　**d.** ①　**e.** ②

[解説]

a. 前置詞 with の目的語にあたるので，目的格の②her が正解。

b. is が前にあるので，〈be 動詞＋過去分詞〉の受け身の形になる③mistaken が正解。

c. 「私の大好きなことは～」という文なので，「映画を見ること」となるよう，動名詞の③を選ぶ。

d. not as ～ as …「…ほど～ない」の「～」には形容詞・副詞の原級がくるので，①low が正解。

e. have が前にあるので，〈have＋過去分詞〉の現在完了になるよう，②visited を選ぶ。

[全訳]

a. 私は昨日あなたのお姉さん〔妹さん〕に会いました。あなたは彼女と一緒に暮らしているのですか。

b. 彼女は彼女のお姉さん〔妹さん〕とよく間違えられます。

c. 私の大好きなことは，映画を見ることです。

d. この天井は古いものほどは低くありません。

e. 私は 3 回京都を訪れたことがあります。

4　**a.** ③　**b.** ③　**c.** ②　**d.** ③　**e.** ②

[解説]

a. told（tell の過去形）の目的語になるので，目的格の③us を選ぶ。

b. both A and B「A も B も両方とも」は複数扱いなので，③are を選ぶ。

c. speed「スピード，速度」を修飾するので，形容詞の②surprising「（物事が）驚くべき」を選ぶ。

d. is の前までが文の主語。主語になることができるのは動名詞の③Getting。

e. an hour ago「1 時間前」という過去を表す語句があるので，過去形②started を選ぶ。

[全訳]

a. ケンは私たちに，新しい靴を買ったと言いました。

b．ジャックと私は2人とも同じクラスです。

c．私の兄〔弟〕は驚くべき速さでレポートを書きました。

d．朝早く起きることはあなたの健康によいです。

e．彼は1時間前にその本を読みはじめました。

5 a.② b.① c.③ d.③ e.③

[解説]

a．直後に father があるので，「彼女の父親」という意味になるよう，所有格の②her を選ぶ。

b．I want to ～ と希望を述べているので，when 以下は未来のことを述べているはず。when 節では未来のことでも現在形で表すので，①grow が正解。

c．go ～ing で「～しに行く」という意味を表すので，③shopping が正解。

d．be 動詞の is が文頭にあるので，進行形〈be 動詞＋～ing〉か受動態〈be 動詞＋過去分詞〉のどちらかになる。主語が your father なので進行形だと判断し，③washing を選ぶ。

e．主語が This book「この本」であることに注意する。「(物が) おもしろい」は③interesting で表す。

[全訳]

a．私は昨日，メアリーに会いました。彼女は彼女の父親と一緒でした。

b．私は大人になったらカナダを訪れたいです。

c．昨日，あなたとトムは東京に買い物に行ったのですか。

d．A：あなたのお父さんは台所で皿洗いをしているの？　B：うん，そうだよ。

e．この本はあの本と同じくらいおもしろいです。

6 a.③ b.② c.③ d.② e.②

[解説]

a．「あなたの友達」は a friend of yours と表すので，③yours が正解。

b．文末に yesterday「昨日」があるので，過去形の②sang が正解。

c．前に be があることに注目。will be ～ing で「～することになっている」という未来の予定を表すので，③staying が正解。stay は「滞在する」という意味の自動詞のため受動態にはならないので，②は誤り。

d．like ～ better than …で「…よりも～のほうが好きだ」という意味を表すので，②better が正解。

e．used car で「中古車」という意味を表すので，②used が正解。

[全訳]

a．私はあなたの親友になりたいです。

b．私たちは昨日，音楽の授業でその歌を歌いました。

c．A：あなたはこのホテルにどのくらいの間，滞在する予定ですか。B：2週間です。

d．私は冬よりも夏のほうが好きです。

e．私の姉〔妹〕は今月，中古車を買いました。

7 a.③ b.② c.③ d.③ e.③

[解説]

a．前置詞 of のあとなので，目的格の③them を選ぶ。both of ～ は「～の両方 (とも)」という意味を表す。

b．主節の動詞が thought と過去形なので，時制の一致で過去形の②worked を選ぶ。

c．the girl を修飾する語として現在分詞の③playing を選ぶ。

d．at least で「少なくとも」を意味するので，ここでは③を選ぶ。

e．since this morning「今朝から (ずっと)」があるので，現在完了の〈継続〉と考え，has been を選ぶ。

[全訳]

a．彼女には1人の兄〔弟〕と1人の姉〔妹〕がいます。彼らは2人とも17歳です。

b．私の父は懸命に働いたと思いました。

c．あそこでギターを弾いている少女をあなたは知っていますか。

d．私は毎週，少なくとも1冊の本を読みます。

e．彼は今朝からずっとサッカーをしています。

8 a.③ b.③ c.① d.③ e.③

[解説]

a．「私の友達の1人」というときは，a friend of mine で表すので，所有代名詞③mine「私のもの」を選ぶ。

b．There is[are] ～. の文の be 動詞が単数か複数かは「～」の名詞によって決まる。ここではこの部分が

How many ～？の疑問文になって前に出ている。people は複数扱いの名詞なので，複数の③are を選ぶ。

c． 助動詞 shouldn't のあとなので，原形の①eat を選ぶ。

d． 前に the があるので，「もっとも短い月」を尋ねる文になるように，short の最上級の③shortest を選ぶ。

e． went は go の過去形なので，付加疑問は③didn't を使って表す。

[全訳]

a． 私の友達の1人が私の宿題を手伝いました。

b． あなたの会社には何人の人がいますか。

c． 図書館ではものを食べるべきではありません。

d． A：1年でもっとも短い月はどれですか。B：2月です。

e． あなたは昨日，買い物に行ったのですよね。

12　語順整序　〈実践演習 p.56〉

1　**a．**④　**b．**②　**c．**④　**d．**④　**e．**③

[解説]

a．「（人）に（もの）を与える」は〈give＋人＋もの〉の語順になる。

b．「～に話しかける」は speak to ～で表し，これを受動態にすると be spoken to となる。このあとに「男性に」by a man を続ける。

c．「ゆっくりする，くつろぐ」は make *oneself* at home で表す。

d．「～すぎて…できない」は〈too ～＋to 不定詞〉で表す。

e．〈with＋O（名詞）＋副詞〉「O が～の状態で」の形を用いる。

2　**a．**④　**b．**④　**c．**④　**d．**④　**e．**②

[解説]

a．「～の仕方」は〈how＋to 不定詞〉で表す。

b．「～を…と名づける」は〈name ～ …〉で表す。

c．「これはケーキです」は This is the cake.。the cake を修飾する made by my mother をそのあとに置く。

d．「（人）が…するのは～である」は〈It is ～ for＋人＋to 不定詞〉の形で表せる。

e．「…するのに十分な～」は〈enough＋名詞＋to 不定詞〉の語順になる。

3　**a．**③　**b．**③　**c．**②　**d．**④　**e．**①

[解説]

a．「～で覆われている」は be covered with で表すので，is covered with と並べる。

b．「（人）に～を送る」は〈send＋人＋～〉で表すので，send you an email と並べる。

c．「どこに～すればよいか」は〈疑問詞＋不定詞〉を使って where to *do* と表すので，where to sit と並べる。

d． 文の骨格である「少年は私の弟です」は The boy is my brother. と表す。「バスケットボールをしている」は「少年」を修飾しているので，The boy の直後に現在分詞句 playing basketball を置く。

e． what を「～するもの〔こと〕」を表す関係代名詞として使う。「あなたのスーツケースに入っているもの」は「あなたがスーツケースの中に持っているもの」と考え，what you have（in your suitcase）と表す。

4　**a．**③　**b．**③　**c．**②　**d．**④　**e．**④

[解説]

a．「書かれていました」は受動態〈be 動詞＋過去分詞〉で表すので，was written となる。「英語で」は in English と表すので，was written in の語順になる。

b． too と to があるので，too ～ to *do*「～すぎて…できない」を使うと判断し，too busy to と並べる。

c．「なんて～でしょう」は感嘆文で表すことができる。What で始まる感嘆文は〈What＋（a〔an〕＋）形容詞＋名詞＋主語＋動詞!〉という語順をとるので，a beautiful flower you have と並べる。

d． 文の骨格は「プレゼントはとてもすばらしい」なので，The present is very nice. と表す。「姉からもらった」は「プレゼント」を説明しているので，The present の直後に given by my sister という過去分詞句を置く。以上より，given by my sister is の語順になる。

e．「行ったことがありますか」という〈現在までの経験〉は現在完了の疑問文で表す。現在完了の疑問文は〈Have＋主語＋過去分詞 ～?〉と表すので，have you been と並べる。

第1回　英語検定模擬試験解答　　　　　　　　　　　　〈p.63〉

＊ 1 ～ 4 各1点　 5 ～ 12 各2点　100点満点

1	a. ②	b. ④	c. ①	d. ③	e. ①
2	a. ①	b. ①	c. ②	d. ④	e. ③
3	a. ②	b. ②	c. ②	d. ④	e. ①
4	a. ②	b. ①	c. ③	d. ③	e. ①

読まれる対話文（各2回くり返す）　　　　　　　　　　　　**CD B 16～23**

18 Example.　Woman : Which is your jacket ?
　　　　　　　Man : The one with the pocket is mine.
19 Question a.　Man : What's the matter with you ?
　　　　　　　Woman : I have a toothache.
20 Question b.　Woman : Where is my pencil case ?
　　　　　　　Man : I saw it on your desk.
21 Question c.　Man : Do you know what time it is ?
　　　　　　　Woman : It's just eight fifteen.
22 Question d.　Woman : Excuse me. Where is the post office ?
　　　　　　　Man : Turn left at the corner. It's on your right.
23 Question e.　Man : Which is your dog in this photo ?
　　　　　　　Woman : The smallest one is mine. It's lying in the center.

| 5 | a. ① | b. ③ | c. ③ | d. ② | e. ② |

読まれる質問文（各2回くり返す）　　　　　　　　　　　　**CD B 24～30**

26 Question a.　How's it going these days ?
27 Question b.　When are you going to leave Japan ?
28 Question c.　Can we have lunch here ?
29 Question d.　How much will it cost to fix the phone ?
30 Question e.　Do you mind if I open the window ?

| 6 | a. ③ | b. ② | c. ② | d. ① | e. ③ |

読まれる英文と質問文（各2回くり返す）　　　　　　　　　　**CD B 31～44**

33 Bill is a high school student from London. He lives in Tokyo with his aunt Emily. She has been working as a cook in a Japanese restaurant for fifteen years. Last Saturday, Bill visited the restaurant for the first time, and he was surprised to find out that Japanese dishes were delicious.
　The next day, he thanked her for the dinner, and asked her to teach him how to cook Japanese food. She was happy to hear that.
　Today Bill is going to make *miso* soup with Emily's help. Before making it, he will go to the supermarket and buy some *miso* and *tofu*.
34 Question a.　Who is Bill ?
35 Question b.　Where does Emily work ?
36 Question c.　Why was Bill surprised in the restaurant ?
37 Question d.　What did Bill ask Emily to do ?
38 Question e.　When will Bill make *miso* soup ?

7	a. ①	b. ②	c. ③	d. ①	e. ①
8	(a)—⑤	(b)—①	(c)—③	(d)—⑥	(e)—④
9	a. ④	b. ⑤	c. ①	d. ③	e. ②
10	a. ②	b. ③	c. ①	d. ①	e. ②
11	a. ②	b. ②	c. ③	d. ①	e. ③
12	a. ②	b. ③	c. ④	d. ①	e. ②

※模擬試験問題の解説を弊社Webサイトにご用意しています。

第2回 英語検定模擬試験解答 ⟨p.71⟩

*［1］～［4］各1点 ［5］～［12］各2点 100点満点

［1］ a. ① b. ② c. ④ d. ① e. ③
［2］ a. ③ b. ② c. ② d. ① e. ②
［3］ a. ② b. ② c. ① d. ③ e. ④
［4］ a. ③ b. ① c. ③ d. ② e. ①

─ 読まれる対話文（各2回くり返す） ─────────────── CD B 47～54 ─

49 Example.　　Woman :　Which is your jacket?
　　　　　　　　Man :　The one with the pocket is mine.
50 Question a.　　Man :　May I help you?
　　　　　　　　Woman :　Yes.　I'm looking for a nice bag for school.
51 Question b.　Woman :　What do you want to be in the future?
　　　　　　　　Man :　My dream is to be a writer.
52 Question c.　　Man :　How much sugar do I need to add to the pot?
　　　　　　　　Woman :　One and a half spoons, please.
53 Question d.　Woman :　What were you doing at 4 p.m. yesterday?
　　　　　　　　Man :　I was walking my dog in the park.
54 Question e.　　Man :　Tell me about these three packages.
　　　　　　　　Woman :　"A" is bigger than "B", and "C" is the smallest.

［5］ a. ③ b. ① c. ② d. ② e. ②

─ 読まれる質問文（各2回くり返す） ─────────────── CD B 55～61 ─

57 Question a.　Who is going to make the opening speech?
58 Question b.　How about going out for dinner today?
59 Question c.　What do you think about John's idea?
60 Question d.　Can I try these jeans on?
61 Question e.　Where do you practice basketball?

［6］ a. ② b. ① c. ② d. ① e. ③

─ 読まれる英文と質問文（各2回くり返す） ──────────── CD B 62～75 ─

64 I'm Keiko.　Last weekend my family and I went camping.　On Saturday morning, we left home for the foot of Mt. Fuji.　It was sunny and warm.　When we arrived there, we set up a tent near the lake.　In the afternoon we enjoyed fishing from a boat.　We caught five fish and had them for dinner.　At night, there were a lot of beautiful stars in the sky.　I will never forget it.
　　The next morning, it was cloudy and cold.　My father made some hot soup for breakfast. It made me warm.　I really enjoyed camping there.
65 Question a.　When did Keiko go camping?
66 Question b.　Where did Keiko set up the tent?
67 Question c.　What did Keiko eat for dinner on the first day of the camp?
68 Question d.　How was the weather on Saturday night?
69 Question e.　How did Keiko get warm in the morning on the second day?

［7］ a. ③ b. ① c. ② d. ③ e. ①
［8］ (a)—⑥ (b)—① (c)—② (d)—④ (e)—⑤
［9］ a. ③ b. ⑤ c. ② d. ① e. ④
［10］ a. ③ b. ① c. ② d. ① e. ③
［11］ a. ③ b. ② c. ③ d. ③ e. ①
［12］ a. ④ b. ④ c. ② d. ① e. ③

※模擬試験問題の解説を弊社Webサイトにご用意しています。

令和５年度（第70回）英語検定試験解答　〈p.79〉

＊ 1 ～ 4 各1点　 5 ～ 12 各2点　100点満点

＊全商英語検定の「音声」については，全国商業高等学校協会のホームページからダウンロードできます。
（https://zensho.or.jp/examination/pastexams/english/）

1 　a. ①　b. ④　c. ③　d. ④　e. ②
[解説]
a . ① bot-tom [bάtəm]　② de-sign [dizáin]　③ sup-pose [səpóuz]　④ un-til [əntíl]
b . ① a-cross [əkrɔ́ːs]　② ex-cite [iksáit]　③ Ju-ly [dʒulái]　④　yel-low [jélou]
c . ① be-low [bilóu]　② ma-chine [məʃíːn]　③ o-ven [ʌ́vn]　④ re-peat [ripíːt]
d . ① ba-nan-a [bənǽnə]　② com-put-er [kəmpjúːtər]　③ i-de-a [aidíːə]　④ sev-er-al [sévrəl]
e . ① a-part-ment [əpάːrtmənt]　② dan-ger-ous [déindʒərəs]　③ e-lec-tric [iléktrik]
　　④ po-si-tion [pəzíʃn]

2 　a. ③　b. ③　c. ②　d. ②　e. ④
[解説]
a . ①と②は be able to *do*「～することができる」というひとかたまりの表現の途中なので，区切ることはできない。to play soccer は a place「場所」を修飾する形容詞用法の to 不定詞句なので，③で区切る。
b . whose roof is blue は The house を修飾する関係代名詞節で，blue までが主語。主語が長い場合は動詞の前で区切るので，③が正解。
c . ①は get caught in ～「（ひどい目）にあう」，③は on *one's* way to ～「～へ行く途中で」というひとかたまりの表現の途中なので，区切ることはできない。かたまりの切れ目にあたる②で区切る。
d . Nick told me I looked hungry は〈tell＋O＋that 節〉「Oに～と言う」の形。gave me his sandwiches「私に彼のサンドイッチをくれた」はニックのしたことなので，この文は Nick told me ... と（Nick）gave me ... という２つの文が and で結ばれているとわかる。したがって and の前の②で区切る。
e . written by the writer about fifty years ago「約50年前にその作家によって書かれた」は A book を修飾する過去分詞句。ago までが長い主語なので，動詞 is の前の④で区切る。
[全訳]
a . 私たちはサッカーをする場所を見つけることができませんでした。
b . 屋根が青い家は私のおじの家です。
c . 私は学校へ行く途中で雨にあいました。
d . ニックは私にお腹がすいているように見えると言って，私に彼のサンドイッチをくれました。
e . 約50年前にその作家によって書かれた本は，今もなおとても人気があります。

3 　a. ②　b. ①　c. ③　d. ②　e. ④
[解説]
a . Bの父親の通勤手段についての対話。Bは No, つまり「車ではない」と答えているので，通勤手段を伝える②the train「電車」を強く発音する。
b . Aの発言には現在進行形 is studying が使われているが，Bの応答文は過去形 finished が使われている。つまりBは，娘は学んでいる最中ではなく学業を終えたことをAに伝えたいのだから，①finished を強く発音する。
c . Aは How's your new part-time job ...?「…新しいパートの仕事はどうですか」と尋ねているので，仕事の感想にあたる③very exciting「とてもわくわくする」を強く発音する。
d . Why don't you ～? は「～してはどうですか」という提案の表現なので，その提案に対する感想にあたる②a good idea「よい考え」を強く発音する。
e . When ～? で聞かれているので，時を表す表現の④seven years old「7歳」を強く発音する。
[全訳]
a . A：あなたのお父さんは車で仕事へ行っていますか。B：いいえ，彼はふだんは電車に乗って会社に行きます。
b . A：あなたの娘さんは全商大学で学んでいるんですよね。B：ええと，実は，彼女はこの３月に学業を終えたのです。
c . A：スーパーでの新しいパートの仕事はどうですか。B：たくさんの人が食品を買いに店に来るので，とて

もわくわくします。
d．A：広島の歴史についてのスピーチを書いてはどうですか。B：私たちはもうすぐそこへ行くので，それは
　　いい考えですね。
e．A：あなたが初めてピアノを弾き始めたのはいつですか。B：私は7歳のときに兄〔弟〕と一緒にそれを練
　　習しはじめました。

4　a．②　b．①　c．③　d．②　e．③

読まれる対話文（各2回くり返す）

Question a. Woman : You look sick.　What's wrong with you?
　　　　　　　Man : I have a bad headache.
Question b. 　Man : Where did you go last weekend?
　　　　　　Woman : I went to the library to study for the tests.
Question c. Woman : What do you do in your free time?
　　　　　　　Man : I like looking at paintings in museums.
Question d. Woman : How can I get to the movie theater from here?
　　　　　　　Man : You can get there on foot.
Question e. 　Man : Look!　The cats under the bench are so cute.
　　　　　　Woman : Yeah, but I like the black one on the bench.

〔解説〕
a．男性はI have a bad headache.「ひどい頭痛がするんだ」と言っているので，②が正解。
b．女性はI went to the library「図書館へ行ったわ」と言っているので，①が正解。
c．男性はI like looking at paintings in museums.「私は美術館で絵を見るのが好きです」と言っているの
　　で，③が正解。
d．on foot は「歩いて，徒歩で」という意味なので，②が正解。
e．まず，男性の The cats under the bench「ベンチの下のネコたち」を正確に聞きとり，ベンチの下には
　　複数のネコがいることをつかむ。さらに，女性の the black one on the bench「ベンチの上の黒いネコ」
　　を聞きとり，③が正解だと判断する。

〔全訳〕
a．女性：具合が悪そうね。どうしたの？　男性：ひどい頭痛がするんだ。
b．男性：先週末はどこへ行ったの？　女性：試験の勉強をしに図書館へ行ったわ。
c．女性：ひまな時間にあなたは何をしますか。男性：私は美術館で絵を見るのが好きです。
d．女性：ここから映画館へはどうやって行けばいいですか。男性：そこへは歩いて行けます。
e．男性：見て！　ベンチの下のネコたちはとてもかわいいよ。女性：そうね，でも私はベンチの上の黒いネコ
　　が好きよ。

5　a．②　b．①　c．③　d．①　e．②

読まれる質問文（各2回くり返す）

Question a. Are you here on business?
Question b. How long has your sister studied English?
Question c. What would you like for dinner tonight?
Question d. Where should I put this box?
Question e. What do you think of her plan?

〔解説〕
a．Are you ～?という疑問文に対する応答なので，②Yes, I am.「はい，そうです（＝私は仕事でここにい
　　ます）」が正しい形。
b．How long ～?「どのくらいの間～ですか」という疑問文なので，期間を答えている①が正解。
c．What would you like?は「あなたは何が食べたい〔欲しい〕ですか」という意味。ここでは夕食に食べ
　　たいものを尋ねているので，③が正解。
d．Where ～?「どこに～ですか」という疑問文なので，場所を答えている①が正解。②Here it is.「はい，
　　どうぞ」は相手に物を渡すときなどに使う表現なので，不適切。

e . What do you think of ～？は「あなたは～についてどう思いますか」という意味なので，評価を答えている②が正解。

［全訳］

Question **a .** あなたは仕事でここにいるのですか。

　① はい，あなたがそうです。　② はい，そうです。　③ はい，あります。

Question **b .** あなたの姉〔妹〕はどのくらいの間英語を勉強していますか。

　① 約5年間です。　② インターネットでです。　③ 週に4回です。

Question **c .** 今夜は夕食に何を食べたいですか。

　① いいですね。　② それはおいしかったです。　③ 中華料理はどうですか。

Question **d .** この箱をどこに置けばいいですか。

　① テーブルの上にお願いします。　② はい，どうぞ。　③ それを開けてください。

Question **e .** あなたは彼女の計画についてどう思いますか。

　① それは彼女のものだと思います。　② それはすばらしいと思います。　③ はい，そう思います。

6 　**a .** ③　**b .** ①　**c .** ③　**d .** ②　**e .** ②

― **読まれる英文と質問文**（2回くり返す）――――――――――――――――――――――

　Yumi is a high school student from Japan.　During the summer vacation, she went to Australia.　Her cousin Kenta lives there, and Yumi stayed with him.　He is a college student. He studies art.

　When Yumi arrived in Australia, it was not hot at all.　In fact, it was very cold.　It was August, so it was winter in Australia.　One day Yumi met Kenta's friend Kevin.　He was interested in Japanese culture such as the games, music and food.　Also, he was a big fan of Japanese anime, and studied Japanese by watching it.　Yumi enjoyed talking with him about her favorite anime.

　After her three-week stay, Yumi returned to Japan.　She had a good time on her vacation.

Question a.　Who is Kenta ?

Question b.　What does Kenta study ?

Question c.　When Yumi arrived in Australia, what season was it there ?

Question d.　How did Kevin study Japanese ?

Question e.　How long did Yumi stay in Australia ?

―――――――――――――――――――――――――――――――――――――――

［解説］

cousin「いとこ」　not ～ at all「まったく～ない」　in fact「実際は」　such as ～「～などの，～のような」

a . Her cousin Kenta「彼女のいとこのケンタ」と言っているので，③が正解。

b . He studies art.「彼は芸術を学んでいます」と言っているので，①が正解。

c . it was winter in Australia「オーストラリアは冬でした」と言っているので，③が正解。

d . he was a big fan of Japanese anime, and studied Japanese by watching it「彼（＝ケビン）は日本のアニメの大ファンで，それを見ることによって日本語を学びました」と言っているので，②が正解。

e . After her three-week stay, Yumi returned to Japan.「3週間の滞在のあと，ユミは日本に戻りました」と言っているので，②が正解。

［全訳］

　ユミは日本の高校生です。夏休みの間，彼女はオーストラリアへ行きました。そこにはいとこのケンタが住んでいて，ユミは彼の家に滞在しました。彼は大学生です。彼は芸術を学んでいます。

　ユミがオーストラリアに到着したとき，まったく暑くありませんでした。実際は，とても寒かったのです。8月だったので，オーストラリアは冬でした。ある日，ユミはケンタの友達のケビンに会いました。彼はゲームや音楽，食べ物などの日本文化に興味がありました。また，彼は日本のアニメの大ファンで，それを見ることによって日本語を学びました。ユミは自分の大好きなアニメについて彼と話して楽しみました。

　3週間の滞在のあと，ユミは日本に戻りました。彼女は休暇を楽しく過ごしました。

Question **a .** ケンタは誰ですか。

　① ユミの友達です。　② ユミの兄です。　③ ユミのいとこです。

Question **b .** ケンタは何を学んでいますか。

彼は（① 芸術　② オーストラリアの歴史　③ 音楽）を学んでいます。

Question **c**．ユミがオーストラリアに到着したとき，そこはどの季節でしたか。

　① 夏でした。　② 秋でした。　③ 冬でした。

Question **d**．ケビンはどうやって日本語を学びましたか。

　① ユミと話すことによってです。　② 日本のアニメを見ることによってです。　③ 日本のゲームをすることによってです。

Question **e**．ユミはオーストラリアにどのくらいの間滞在しましたか。

　① ３日間です。　② ３週間です。　③ ３か月間です。

7　**a**．②　**b**．①　**c**．①　**d**．②　**e**．③

［解説］

be based on ～「～に基づいている」　classical「古典の，伝統的な」　be made of ～「～でできている」　in the end「結局は，最終的に」　beat「～を打ち負かす」は beat-beat-beaten と活用する。The first one＝The first game　過去完了 had played は appeared よりもさらに前の過去を表している。leading part「主役」

a．第１段落第４文に「それ（＝フィールド・オブ・ドリームス・ベースボール・ゲーム）は同名の1989年の映画に基づいていました」とあるので，②が正解。

b．第２段落第３文に「彼ら（＝選手たち）は伝統的なユニフォームを着ていました」とあるので，①が正解。which the players wore は The uniforms を修飾する関係代名詞節。①old-fashioned「昔ながらの」，③modern「現代的な」

c．第２段落最終文に「最終的に，カブスがレッズを打ち負かしました」とあるので，①が正解。

d．第３段落第１文に「実は，これは２度目のフィールド・オブ・ドリームス・ゲームでした」とあるので，②が正解。

e．第３段落最終文後半に「彼（＝ケビン・コスナー）は映画『フィールド・オブ・ドリームス』で主役を演じていたので…」とあるので，③が正解。③play a ～ part「～な役を演じる」

［全訳］

　あなたは野球が好きですか。映画はどうですか。もしあなたが両方の大ファンなら，フィールド・オブ・ドリームス・ベースボール・ゲームに興味があるかもしれません。それは同名の1989年の映画に基づいていました。その映画は，夢と希望，家族についてのもので，大昔の野球の試合を描いていました。

　新しい試合は2022年８月11日にアメリカのトウモロコシ畑の球場で行われました。選手たちはトウモロコシ畑を通ってゆっくりとグラウンドに歩いて入りました。彼らは伝統的なユニフォームを着ていました。得点板は木でできていました。映画の１シーンのようでしたが，それはシカゴ・カブス対シンシナティ・レッズの本物の試合でした。最終的に，カブスがレッズを打ち負かしました。

　実は，これは２度目のフィールド・オブ・ドリームス・ゲームでした。１度目の試合はその前年に同じ球場で開催されました。映画スターのケビン・コスナーが，映画『フィールド・オブ・ドリームス』で主役を演じていたので，登場しました。

　夏の夜の夢は時々かないます。多くの人がなつかしくて幸せな時を過ごしました。

a．特別な野球の試合の名前は（① ある映画スター　② ある映画　③ あるトウモロコシ畑）に由来します。

b．選手たちが着ていたユニフォームは（① 昔ながらの　② ふだんどおりの　③ 現代的な）ものでした。

c．カブスは（① その試合に勝ちました　② その試合に負けました　③ その試合を欠場しました）。

d．フィールド・オブ・ドリームス・ゲームは（① 一度だけ　② ２度　③ 時々）開催されました。

e．ケビン・コスナーは（① 最初のフィールド・オブ・ドリームス・ゲームのために音楽を演奏し　② ２度目のフィールド・オブ・ドリームス・ゲームで野球をし　③ 映画『フィールド・オブ・ドリームス』で重要な役を演じ）ました。

8　(a)―⑤　(b)―④　(c)―⑥　(d)―①　(e)―②

［解説］

Here you go.「はい，どうぞ」は物を手渡すときなどに使う表現。

(a)　直後に職員が「どんな種類の箱が必要ですか」と言っているので，⑤「箱がいくつか欲しいのです」が適切。

(b)　「どんな種類の箱が必要ですか」に対する応答なので，④「ほんの小さいのでいいのです」が適切。

(c)　直後にミキが That's fine.「それでいいです」と言っているので，⑥「このサイズはいかがですか」を入れれば会話の流れに合う。

⒟　直後にミキがFour, please.「4つください」と言っているので，数を尋ねている①「いくつ必要ですか」が適切。

⒠　直後に職員がEight dollars, please.「8ドルお願いします」と言っているので，値段を尋ねている②「箱の代金はいくらお支払いしたらいいですか」が適切。

［全訳］

〈郵便局にて〉

職員：ご用件を承りましょうか。

ミキ：はい。箱がいくつか欲しいのです。

職員：どんな種類の箱が必要ですか。

ミキ：ほんの小さいのでいいのです。日本にこれらの贈り物を送りたいのです。

職員：このサイズはいかがですか。

ミキ：それでいいです。

職員：いくつ必要ですか。

ミキ：4つください。

職員：承知しました。

ミキ：箱の代金はいくらお支払いしたらいいですか。

職員：8ドルお願いします。

ミキ：はい，どうぞ。

職員：ありがとうございます。

9　a. ②　b. ③　c. ①　d. ⑤　e. ④

［解説］

a.ではスピーカーのコードが外れていることに注目する。その後，c.でネコが，d.で男の子が登場し，e.でどちらも部屋から出ていく，という流れを確認してから，①～⑤の会話に合う絵を選ぶ。

①　アヤが「あなたはかわいいペットを飼っているのね」と言い，さらに「こんにちは！」と言っているので，画面の女性がネコに手を振っているc.にあてはまる。

②　テッドが「きみの声が聞こえないんだよ，アヤ」と言っているので，スピーカーのコードが外れているa.にあてはまる。

③　テッドが「大丈夫だ。今はきみの声がはっきり聞こえるよ」と言っているので，スピーカーがコンピュータにつながっているb.にあてはまる。

④　My little prince?「ぼくの小さな王子様だって？」という発言から，男の子が描かれているd.かe.にあてはまる。

⑤　アヤが「あなたの小さな王子様があなたの後ろにいて手を振っているわよ」と言っているので，男の子が手を振っているd.にあてはまる。したがって④はe.にあてはまると決まる。

［全訳］

②　アヤ：皆さん，準備はいい？　テッド，私が見える？

　テッド：きみの声が聞こえないんだよ，アヤ。ちょっと待って。

　　アヤ：いいわよ。

③テッド：大丈夫だ。今はきみの声がはっきり聞こえるよ。

　　アヤ：問題ないわね。会議を始めましょう。テッド，あなたの新店舗のための案を説明してくれる？

　テッド：わかったよ。

①　アヤ：わあ！　あなたはかわいいペットを飼っているのね。こんにちは！

　テッド：ああ，ドアを閉めたと思ったのに。降りなさい，キティ。

⑤テッド：本当に申し訳ない。

　　アヤ：テッド，今度はあなたの小さな王子様があなたの後ろにいて手を振っているわよ。

④テッド：ぼくの小さな王子様だって？　こら，クリス！　ママを見に行きなさい！

　　アヤ：クリスは夏休みで家にいるのよね？

　テッド：ああ。みんなはオンライン会議がいいって言うよね。でもぼくは会社での会議のほうが好きだよ。

10　a. ②　b. ③　c. ②　d. ③　e. ②

［解説］

a .「この部屋で」という意味を表す場合は前置詞にinを使うので，②が正解。

b. police station で「警察署」という意味を表すので，③が正解。①airport「空港」 ②market「市場」

c. money「お金」は数えられない名詞で，many や few では修飾できないので，②が正解。

d. take a bath で「風呂に入る」という意味を表すので，③が正解。

e. 後半の意味を考えて，②outside「外へ」を選ぶ。①inside「屋内へ」 ③upstairs「2階へ」

[全訳]

a. 会議はこの部屋で行われます。

b. A：警察署はどこにありますか。B：向こうのあの建物です。

c. 財布の中にたくさんお金がありますか。

d. 父はたいてい夕食の前に風呂に入ります。

e. 外へ行って公園でサッカーをしましょう。

[11] a. ① b. ② c. ② d. ③ e. ①

[解説]

a. （　）は文の主語にあたるので，主格の①They が正解。

b. about an hour ago「約1時間前」は過去の一時点を表すので，過去形の②woke が正解。

c. exciting は〈物・事〉を修飾して「わくわくするような（物・事）」という意味を表し，excited は〈人〉を修飾して「興奮している（人）」という意味を表す。ここでは（　）は sport を修飾しているので，②exciting が正解。

d. 〈the＋最上級＋of ～〉「～の中でもっとも…」の形だと判断し，③shortest を選ぶ。

e. 一般動詞の過去の疑問文は〈did＋主語＋動詞の原形 ～?〉となるので，①open が正解。

[全訳]

a. 私には3人の兄弟がいます。彼らはみんなアメリカに住んでいます。

b. 私は約1時間前に目覚めました。

c. サッカーはわくわくするスポーツです。

d. これは3つの経路の中で最短のものです。

e. あなたはいつ新しいレストランを開店したのですか。

[12] a. ④ b. ② c. ④ d. ② e. ④

[解説]

a. 「あなたは～に招待されました」は，受動態を使って You were invited to ～. と表せる。これを疑問文にすると，Were you invited to ～? という語順になる。〈invite＋O＋to ～〉「Oを～に招待する」

b. 「～と思います」は I think that ～. で表す。that のあとには「（私の）妹はこのTシャツを気に入る」という文がくるので，my sister likes を続ける。

c. 距離を尋ねる文なので，it を主語にする。How far is it ～? とする。「ここから」は from here で表す。

d. 「～する機会がある」は have a chance to *do* で表す。ここでは「～と話す機会」なので，to のあとに talk with を続ける。

e. 文の骨格である「（その）家はとても大きいです」は The house is very big. と表せる。The house の後ろにある which を関係代名詞と考え，そのあとに stands on the hill を続けて，The house which stands on the hill「丘の上に建っている家」とする。ここまでが主語なので，そのあとに動詞 is を置く。

全商英語検定試験問題集

3級

級別単語表

実教出版

3　級 （約1600語）

A

☐ **a** [ə／ア] — 冠1つの，ある，〜につき

☐ **able** [éibl／エイブル] — 形〜できる（＝can）

☐ **about** [əbáut／アバウト] — 副およそ / 前〜について

☐ **above** [əbʌ́v／アバヴ] — 前〜の上に，〜より上に

☐ **abroad** [əbrɔ́:d／アブロード] — 副外国に，外国へ

☐ **absent** [ǽbsənt／アブセント] — 形欠席の，留守の

☐ **accident** [ǽksidənt／アクスィデント] — 名偶然のできごと，事故

☐ **across** [əkrɔ́:s／アクロース] — 前〜を横切って

☐ **act** [ǽkt／アクト] — 名行為，法令 / 動行動する，ふるまう，演じる

☐ **add** [ǽd／アッド] — 動加える，追加する

☐ **address** [ədrés／アドゥレス] — 名あて名，住所

☐ **advice** [ədváis／アドヴァイス] — 名忠告，助言

☐ **advise** [ədváiz／アドヴァイズ] — 動忠告する，助言する

☐ **afraid** [əfréid／アフレイド] — 形恐れて，心配して

☐ **Africa** [ǽfrikə／アフリカ] — 名アフリカ

☐ **African** [ǽfrikən／アフリカン] — 名アフリカ人 / 形アフリカ（人）の

☐ **after** [ǽftər／アフタ] — 前〜のあとに，〜にちなんで

☐ **afternoon** [ǽftərnú:n／アフタヌーン] — 名午後

☐ **again** [əgén／アゲン] — 副ふたたび，また

☐ **against** [əgénst／アゲンスト] — 前〜を背景として，〜に（反）対して

☐ **age** [éidʒ／エイヂ] — 名年齢，時代

☐ **ago** [əgóu／アゴウ] — 副（今から）〜前に

☐ **agree** [əgrí:／アグリー] — 動同意する，意見が一致する

☐ **ahead** [əhéd／アヘッド] — 前前方に〔へ〕，先んじて

☐ **air** [éər／エア] — 名空気，空中

☐ **airline** [éərlàin／エアライン] — 名定期航空（路線），航空会社

☐ **airmail** [éərmèil／エアメイル] — 名航空郵便 / 副航空郵便で

☐ **airplane** [éərplèin／エアプレイン] — 名飛行機

☐ **airport** [éərpɔ̀:rt／エアポート] — 名空港

☐ **album** [ǽlbəm／アルバム] — 名アルバム

☐ **alive** [əláiv／アライヴ] — 形生きて，活発で

☐ **all** [ɔ́:l／オール] — 形すべての，あらゆる

☐ **allow** [əláu／アラウ] — 動許す，認める

☐ **almost** [ɔ́:lmoust／オールモウスト] — 副ほとんど

☐ **alone** [əlóun／アロウン] — 形ただひとりの，単独の / 副ひとりで

☐ **along** [əlɔ́:ŋ／アローング] — 前〜を通って，〜に沿って

☐ **aloud** [əláud／アラウド] — 副声をだして，大声で

☐ **already** [ɔ:lrédi／オールレディ] — 副すでに，もう

☐ **also** [ɔ́:lsou／オールソウ] — 副〜も（また）

☐ **although** [ɔ:lðóu／オールゾウ] — 接〜だけれども，たとえ〜でも

☐ **always** [ɔ́:lweiz／オールウェイズ] — 副いつも

☐ **am** [ǽm／アム] — 動〜である，いる

☐ **a.m., A.M.** [éiém／エイエム] — 略午前の

☐ **America** [əmérikə／アメリカ] — 名アメリカ

☐ **American** [əmérikən／アメリカン] — 名アメリカ人 / 形アメリカ（人）の

☐ **among** [əmʌ́ŋ／アマング] — 前（3つ以上の）〜の中で

☐ **an** [ǽn／アン] — 冠1つの，〜につき

☐ **and** [ǽnd, ənd／アンド] — 接〜と，そして

☐ **angry** [ǽngri／アングリ] — 形怒った

☐ **animal** [ǽnəml／アニムル] — 名動物

☐ **announce** [ənáuns／アナウンス] — 動発表する，知らせる

☐ **announcer** [ənáunsər／アナウンサ] — 名アナウンサー，発表する人

☐ **another** [ənʌ́ðər／アナザ] — 代もう1つの物，もう1人の人 / 形もう1つの

☐ **answer** [ǽnsər／アンサ] — 名答え / 動答える

☐ **ant** [ǽnt／アント] — 名アリ

☐ **any** [éni／エニ] — 代〔疑問文，条件文で〕いくらか，だれも〔肯定文で〕どんな物〔人〕でも / 形〔疑問文，条件文で〕いくらかの，だれか〔否定文で〕少しも，だれも / 副少しは

☐ **anybody** [énibàdi:／エニバディ] — 代〔疑問文，条件文で〕だれか〔否定文で〕だれも〔肯定文で〕だれでも

☐ **anyone** [éniwàn／エニワン] — 代だれか，だれ（で）も

☐ **anything** [éniθiŋ／エニスィング] — 代〔疑問文，条件文で〕何か〔否定文で〕何も〜しない〔肯定文で〕何でも

☐ **anyway** [éniwèi／エニウェイ] — 副とにかく，どうしても

☐ **anywhere** [énihwèər／エニ(ホ)ウェア] — 副どこかへ〔に〕，どこに〔で〕も

☐ **apartment** [əpá:rtmənt／アパートメント] — 名アパート，共同住宅

☐ **appear** [əpíər／アピア] — 動現われる，〜らしい

☐ **apple** [ǽpl／アプル] — 名リンゴ

☐ **April** [éiprəl／エイプリル] — 名4月（略：Apr.）

☐ **are** [á:r／アー] — 動〜である，いる

☐ **area** [éəriə／エアリア] — 名面積，地域，区域，範囲

☐ **arm** [á:rm／アーム] — 名腕，〔-s〕武器

☐ **around** [əráund／アラウンド] — 前〜のまわりに〔を〕 / 副ぐるりと

☐ **arrive** [əráiv／アライヴ] — 動着く，到着する

☐ **arrow** [ǽrou／アロウ] — 名矢，矢印

☐ **art** [á:rt／アート] — 名芸術，術，技術

☐ **artist** [á:rtist／アーティスト] — 名芸術家，画家，彫刻家，音楽家

☐ **as** [ǽz／アズ] — 接〜なので，〜するにつれて / 前〜として

☐ **Asia** [éiʒə／エイジャ] — 名アジア

☐ **Asian** [éiʒn／エイジャン] — 名アジア人 / 形アジア（人）の

☑**ask** [ǽsk／アスク] 　動たずねる，頼む

☑**asleep** [əslíːp／アスリープ] 　形副眠って

☑**assistant** [əsístənt／アスィスタント] 　名助手，店員　形補助の，助手の

☑**at** [ǽt／アット] 　前～に〔で〕，～の時，～を見て〔聞いて〕

☑**Atlantic** [ətlǽntik／アトゥラァンティック] 　名大西洋　形大西洋の

☑**attack** [ətǽk／アタァック] 　名攻撃　動攻撃する

☑**attend** [əténd／アテンド] 　動出席する

☑**August** [ɔ́ːgəst／オーガスト] 　名8月(略：Aug.)

☑**aunt** [ǽnt／アント] 　名おば

☑**Australia** [ɔːstréiljə／オーストゥレイリャ] 　名オーストラリア

☑**Australian** [ɔːstréiljən／オーストゥレイリャン] 　名オーストラリア人　形オーストラリア(人)の

☑**automatic** [ɔ̀ːtəmǽtik／オートマァティック] 　名自動けん銃　形自動的な，無意識の

☑**automobile** [ɔ́ːtəməbìːl／オートモビール] 　名自動車

☑**autumn** [ɔ́ːtəm／オータム] 　名秋

☑**awake** [əwéik／アウェイク] 　動目ざめ(させ)る　形目がさめて

☑**away** [əwéi／アウェイ] 　副離れて，遠くに

B

☑**baby** [béibi／ベイビ] 　名赤ん坊

☑**back** [bǽk／バァック] 　名背中，うしろ　形うしろの　副うしろに

☑**bacon** [béikən／ベイコン] 　名ベーコン

☑**bad** [bǽd／バァッド] 　形悪い，へたな

☑**badly** [bǽdli／バァッドリ] 　副悪く，非常に，ひどく

☑**bag** [bǽg／バァッグ] 　名袋，かばん

☑**bake** [béik／ベイク] 　動(パンなどを)焼く

☑**baker** [béikər／ベイカ] 　名パン製造人，パン屋

☑**ball** [bɔ́ːl／ボール] 　名ボール

☑**banana** [bənǽnə／バナァナ] 　名バナナ

☑**bank** [bǽŋk／バァンク] 　名銀行，土手，川岸

☑**barber** [báːrbər／バーバ] 　名理容師，床屋

☑**bark** [báːrk／バーク] 　名ほえる声　動ほえる

☑**base** [béis／ベイス] 　名土台，基礎，基地　動基礎を築く

☑**baseball** [béisbɔ̀ːl／ベイスボール] 　名野球

☑**basic** [béisik／ベイスィック] 　形基礎の，基本的な

☑**basket** [bǽskit／バァスケット] 　名かご，バスケット

☑**basketball** [bǽskitbɔ̀ːl／バァスケットボール] 　名バスケットボール

☑**bat** [bǽt／バァット] 　名(野球などの)バット，こうもり

☑**bath** [bǽθ／バァス] 　名入浴，ふろ

☑**bathroom** [bǽθruːm／バァスルーム] 　名ふろ場

☑**be** [bíː／ビー] 　動～である，いる

☑**beach** [bíːtʃ／ビーチ] 　名砂浜，波打ちぎわ

☑**bear** [béər／ベア] 　名熊　動生む，ささえる，担う

☑**beard** [bíərd／ビアド] 　名あごひげ

☑**beat** [bíːt／ビート] 　動たたく，負かす

☑**beautiful** [bjúːtəfl／ビューティフル] 　形美しい

☑**beauty** [bjúːti／ビューティ] 　名美しさ，美人

☑**because** [bikɔ́ːz／ビコーズ] 　接～だから，～なので

☑**become** [bikʌ́m／ビカム] 　動～になる

☑**bed** [béd／ベッド] 　名ベッド

☑**bedroom** [bédrùːm／ベッドルーム] 　名寝室

☑**bee** [bíː／ビー] 　名みつばち，働き者

☑**beef** [bíːf／ビーフ] 　名牛肉

☑**beefsteak** [bíːfstèik／ビーフステイク] 　名ビフテキ

☑**been** [bín／ビン] 　動be の過去分詞形

☑**beer** [bíər／ビア] 　名ビール

☑**before** [bifɔ́ːr／ビフォーア] 　前～の前に

☑**beg** [bég／ベッグ] 　動乞う，頼む

☑**begin** [bigín／ビギン] 　動始まる，始める

☑**beginner** [bigínər／ビギナ] 　名初学者，初心者

☑**beginning** [bigíniŋ／ビギニング] 　名初め

☑**behind** [biháind／ビハインド] 　前～のうしろに

☑**believe** [bilíːv／ビリーヴ] 　動信じる，思う

☑**bell** [bél／ベル] 　名鈴，鐘

☑**belong** [bilɔ́ːŋ／ビローング] 　動(～に)属する

☑**below** [bilóu／ビロウ] 　副下に〔へ，で〕　前～の下に

☑**belt** [bélt／ベルト] 　名ベルト，帯

☑**bench** [béntʃ／ベンチ] 　名ベンチ

☑**beside** [bisáid／ビサイド] 　前～のそばに

☑**best** [bést／ベスト] 　形最もよい　副最もよく

☑**better** [bétər／ベタ] 　形よりよい　副よりよく

☑**between** [bitwíːn／ビトゥウィーン] 　前(2つのもの)の間に

☑**beyond** [bijánd／ビヤンド] 　前～の向こうに，を越えて

☑**bicycle** [báisikl／バイスィクル] 　名自転車

☑**big** [bíg／ビッグ] 　形大きい

☑**bike** [báik／バイク] 　名自転車

☑**bird** [bɔ́ːrd／バ～ド] 　名鳥

☑**birth** [bɔ́ːrθ／バ～ス] 　名誕生，生まれ，出現

☑**birthday** [bɔ́ːrθdèi／バ～スデイ] 　名誕生日

☑**bite** [báit／バイト] 　名噛むこと，ひとかじり　動噛む，咬みつく

☑**black** [blǽk／ブラァック] 　名黒　形黒い

☑**blackboard** [blǽkbɔ̀ːrd／ブラァックボード] 　名黒板

☑**blanket** [blǽŋkit／ブラァンケット] 　名毛布　動おおう

☑**blind** [bláind／ブラインド] 　名日よけ　形目の不自由な

☑**block** [blák／ブラック] 　名固まり，一区画，ブロック

☑**blow** [blóu／ブロウ] 　動(風が)吹く，吹き飛ばす

☑**blue** [blúː／ブルー] 　名青　形青い

☑**board** [bɔ́ːrd／ボード] 　名板　動(船・列車・バス・飛行機などに)乗り込む，食事つきで下宿す〔させる〕

☑**boat** [bóut／ボウト] 　名ボート，船

☑**body** [bádi／バディ] 　名身体，本体

☑boil [bɔ́il／ボイル] 動沸かす, 沸く, 煮(え)る

☑bone [bóun／ボウン] 名骨

☑book [búk／ブック] 名本

☑bookcase [búkkèis／ブックケイス] 名本箱, 書棚

☑bookshelf [búkʃèlf／ブックシェルフ] 名本棚, 書棚

☑bookshop [búkʃàp／ブックシャップ] 名本屋, 書店

☑bookstore [búkstɔ̀:r／ブックストーア] 名書店

☑boot(s) [bú:t(s)／ブート(ツ)] 名長靴

☑borrow [bárou／バロウ] 動借りる

☑boss [bɔ́:s／ボース] 名長, 親分
動支配する

☑both [bóuθ／ボウス] 代両方
形両方の

☑bottle [bátl／バトゥル] 名びん

☑bottom [bátəm／バタム] 名底, 下部

☑bow [báu／バウ] 名おじぎ
動おじぎをする

[bóu／ボウ] 名弓

☑box [báks／バックス] 名箱

☑boy [bɔ́i／ボイ] 名少年

☑branch [bræntʃ／ブラァンチ] 名枝, 支店

☑brave [bréiv／ブレイヴ] 形勇敢な

☑bread [bréd／ブレッド] 名パン

☑break [bréik／ブレイク] 名休み時間
動こわす, こわれる

☑breakfast [brékfəst／ブレックファスト] 名朝食

☑breath [bréθ／ブレス] 名息, 呼吸

☑bridge [brídʒ／ブリッジ] 名橋

☑bright [bráit／ブライト] 形明るい, 頭の良い
副輝いて

☑bring [bríŋ／ブリング] 動～を連れてくる, ～を持ってくる

☑Britain [brítn／ブリトゥン] 名英国

☑British [brítiʃ／ブリティッシ] 形英国の, 英国人の

☑brother [bráðər／ブラザ] 名兄, 弟, 兄弟

☑brown [bráun／ブラウン] 名茶色
形茶色の

☑brush [bráʃ／ブラッシ] 名ブラシ, はけ
動(ブラシで)みがく

☑bucket [bákit／バケット] 名バケツ, 手おけ

☑build [bíld／ビルド] 動(家などを)建てる, (船を)建造する, (ダム, 鉄道, 道路などを)建設する, (橋を)かける

☑building [bíldiŋ／ビルディング] 名建物

☑burn [bə́:rn／バ～ン] 動燃やす, 燃える

☑bus [bás／バス] 名バス

☑business [bíznəs／ビズネス] 名仕事, 商売, 事業

☑businessman [bíznəsmæ̀n／ビズネスマァン] 名実業家

☑busy [bízi／ビズィ] 形忙しい, にぎやかな, (電話が)話し中で

☑but [bát／バット] 接しかし

☑butcher [bútʃər／ブチャ] 名肉屋

☑butter [bátər／バタ] 名バター

☑butterfly [bátərflài／バタフライ] 名チョウ

☑buy [bái／バイ] 動買う

☑by [bái／バイ] 前～のそばに〔の〕, ～までに, ～によって

C

☑cabbage [kæbidʒ／キァベッジ] 名キャベツ

☑cabin [kæbin／キァビン] 名小屋, 船室

☑cage [kéidʒ／ケイジ] 名鳥かご

☑cake [kéik／ケイク] 名ケーキ, (固形石けん)1個

☑calendar [kæləndər／キァレンダ] 名暦, カレンダー

☑California [kæləfɔ́:rnjə／キァリフォーニャ] 名カリフォルニア

☑call [kɔ́:l／コール] 動呼ぶ, 電話をかける, 訪問する

☑calm [ká:m／カーム] 動静める, 静まる
形穏かな, 静かな

☑camera [kæmərə／キァメラ] 名カメラ

☑camp [kæmp／キァンプ] 名キャンプ, キャンプ場
動キャンプする

☑can [kæn／キァン] 助できる

☑Canada [kænədə／キァナダ] 名カナダ

☑Canadian [kənéidiən／カネイディアン] 名カナダ人
形カナダ(人)の

☑candle [kændl／キァンドゥル] 名ろうそく

☑candy [kændi／キァンディ] 名キャンデー

☑cap [kæp／キァップ] 名(ふちなしの)帽子

☑capital [kæpitl／キァピトゥル] 名首都, 大文字, 資本金

☑captain [kæptən／キァプテン] 名船長, 機長, 主将

☑car [ká:r／カー] 名自動車

☑card [ká:rd／カード] 名カード, トランプ, はがき

☑care [kéər／ケア] 名心配, 注意, 世話
動世話をする, 〔否定文・疑問文で〕心配する, 好む

☑careful [kéərfl／ケアフル] 形注意深い

☑carpenter [ká:rpəntər／カーペンタ] 名大工

☑carpet [ká:rpit／カーペット] 名じゅうたん

☑carrot [kærət／キァロット] 名にんじん

☑carry [kæri／キァリ] 動運ぶ, 持って歩く

☑case [kéis／ケイス] 名事件, 場合, 箱

☑cash [kæʃ／キァッシ] 名現金

☑cassette [kəsét／カセット] 名カセットテープ

☑castle [kæsl／キァスル] 名城

☑cat [kæt／キァット] 名ネコ

☑catch [kætʃ／キァッチ] 動捕える, つかむ, (乗物に)間に合う

☑cattle [kætl／キァトゥル] 名牛, 肉牛

☑ceiling [sí:liŋ／スィーリング] 名天井

☑cent [sént／セント] 名セント

☑center [séntər／センタ] 名中心, 中央, (中心)施設

☑centimeter [séntəmì:tər／センティミータ] 名センチメートル

☑central [séntrəl／セントゥラル] 形中心の, 主要な

☑century [séntʃəri／センチュリ] 名100年, 1世紀

☑certain [sɔ́:rtn／サ～トゥン] 形確かな, ある

☑chain [tʃéin／チェイン] 名くさり, 一続き
動くさりでつなぐ

☑chair [tʃéər／チェア] 名いす

☑chalk [tʃɔ́:k／チョーク] 名チョーク

☐**champion** [tʃǽmpiən／チャンピオン]	名優勝者，チャンピオン	☐**collect** [kəlékt／コレクト]	動～を集める
☐**chance** [tʃǽns／チャンス]	名機会	☐**college** [kálidʒ／カレッヂ]	名(単科)大学
☐**change** [tʃéindʒ／チェインジ]	名変化，小銭，つり銭	☐**colo(u)r** [kálər／カラ]	名色
	動変える，変わる		動彩色する
☐**cheap** [tʃíːp／チープ]	形安い，安っぽい	☐**come** [kám／カム]	動来る
☐**check** [tʃék／チェック]	名照合，小切手	☐**comfortable** [kámfərtəbl／カンファタブル]	形気持ちよい，快適な
	動照合する，点検する		
☐**cheerful** [tʃíərfl／チアフル]	形陽気な，快活な	☐**common** [kámən／カモン]	形共通の，ふつうの
☐**cheese** [tʃíːz／チーズ]	名チーズ	☐**company** [kámpəni／カンパニ]	名会社，仲間
☐**cherry** [tʃéri／チェリ]	名さくらんぼ，桜の木	☐**computer** [kəmpjúːtər／コンピューター]	名コンピュータ
☐**chicken** [tʃíkin／チキン]	名鶏，ひな鳥，鶏肉		
☐**chief** [tʃíːf／チーフ]	名首長，かしら	☐**concert** [kánsərt／カンサト]	名音楽会，演奏会
	形主要な	☐**condition** [kəndíʃn／コンディシャン]	名状態，状況，条件
☐**child** [tʃáild／チャイルド]	名子供	☐**contest** 名[kántest／カンテスト]	名競技，コンクール
☐**children** [tʃíldrn／チルドゥレン]	名child の複数形	動[kəntést／コンテスト]	動争う
☐**chimney** [tʃímni／チムニ]	名煙突	☐**continue** [kəntínju／コンティニュー]	動続く，続ける
☐**China** [tʃáinə／チャイナ]	名中国	☐**conversation** [kànvərséiʃn／カンヴァセイシャン]	名会話，談話
☐**Chinese** [tʃàiníːz／チャイニーズ]	名中国人，中国語		
	形中国の，中国人〔語〕の	☐**cook** [kúk／クック]	名コック，料理人
☐**chocolate** [tʃɔ́ːkəlit／チョーコレット]	名チョコレート，ココア		動料理する
☐**choose** [tʃúːz／チューズ]	動選ぶ	☐**cookie** [kúki／クキ]	名クッキー
☐**Christmas** [krísməs／クリスマス]	名クリスマス	☐**cool** [kúːl／クール]	動冷やす
☐**church** [tʃɔ́ːrtʃ／チャ〜チ]	名教会		形涼しい，冷たい
☐**circle** [sɔ́ːrkl／サ〜クル]	名円(形)，仲間，サークル，集団	☐**copy** [kápi／カピ]	名写し，複写，冊
			動複写する，まねる
☐**city** [síti／スィティ]	名都会，市，町	☐**corn** [kɔ́ːrn／コーン]	名トウモロコシ，穀物
☐**class** [klǽs／クラァス]	名クラス，授業	☐**corner** [kɔ́ːrnər／コーナ]	名かど，すみ
☐**classical** [klǽsikl／クラァスィクル]	形古典主義の，正統派の	☐**correct** [kərékt／コレクト]	動訂正する
☐**classmate** [klǽsmèit／クラァスメイト]	名級友		形正しい
☐**classroom** [klǽsrùːm／クラァスルーム]	名教室	☐**cost** [kɔ́ːst／コースト]	名代価，値段，費用
			動(金額が)かかる
☐**clean** [klíːn／クリーン]	動～をきれいにする，そうじする	☐**cotton** [kátn／カトゥン]	名綿，木綿，綿糸
	形清潔な	☐**could** [kúd／クッド]	助can の過去形
☐**clear** [klíər／クリア]	動片づける，晴れる	☐**count** [káunt／カウント]	名計算，勘定
	形晴れた，はっきりした		動数える
☐**clerk** [klɔ́ːrk／クラ〜ク]	名事務員，店員	☐**counter** [káuntər／カウンタ]	名カウンター，計算者，計算機，反対
☐**clever** [klévər／クレヴァ]	形利口な，上手な		動逆襲する
☐**climb** [kláim／クライム]	動登る	☐**country** [kántri／カントゥリ]	名国，いなか
☐**clock** [klák／クラック]	名置き時計，掛け時計	☐**couple** [kápl／カプル]	名1対，1組の男女
☐**close** 動[klóuz／クロウズ]	動閉める，閉まる	☐**course** [kɔ́ːrs／コース]	名進路，課程
形副[klóus／クロウス]	形近くの	☐**court** [kɔ́ːrt／コート]	名宮廷，裁判所，コート
	副近くに	☐**cousin** [kázn／カズン]	名いとこ
☐**cloth** [klɔ́ːθ／クロース]	名布	☐**cover** [kávər／カヴァ]	名表紙
☐**clothes** [klóuz／クロウズ]	名衣服		動～をおおう
☐**cloud** [kláud／クラウド]	名雲	☐**cow** [káu／カウ]	名雌牛
☐**cloudy** [kláudi／クラウディ]	形曇った	☐**crazy** [kréizi／クレイズィ]	形気が狂った，熱狂した
☐**club** [kláb／クラブ]	名クラブ	☐**cream** [kríːm／クリーム]	名クリーム
☐**coach** [kóutʃ／コウチ]	名コーチ，客車	☐**cross** [krɔ́ːs／クロース]	名十字架，十字路
	動指導する		動横断する
☐**coal** [kóul／コウル]	名石炭	☐**crossing** [krɔ́ːsiŋ／クロースィング]	名横断，交差点，踏切り，反対，妨害
☐**coast** [kóust／コウスト]	名海岸，沿岸		
☐**coat** [kóut／コウト]	名上衣	☐**crowd** [kráud／クラウド]	名群集
	動(ペンキなど)を塗る		動群がる
☐**cock** [kák／カック]	名おんどり	☐**crown** [kráun／クラウン]	名王冠
☐**coffee** [kɔ́ːfi／コーフィ]	名コーヒー	☐**cry** [krái／クライ]	名叫び声
☐**coin** [kɔ́in／コイン]	名硬貨，コイン		動叫ぶ，泣く
☐**cold** [kóuld／コウルド]	名寒さ，カゼ	☐**culture** [káltʃər／カルチャ]	名文化，教養
	形寒い，冷たい	☐**cup** [káp／カップ]	名茶わん
		☐**curtain** [kɔ́ːrtn／カ〜トゥン]	名カーテン，幕

☑**custom** [kʌ́stəm／カスタム]　名習慣，風習
☑**cut** [kʌ́t／カット]　動切る，刻む，削る

D

☑**Dad** [dǽd／ダァッド]　名お父さん
☑**daily** [déili／デイリ]　形毎日の／副日ごとに
☑**dance** [dǽns／ダァンス]　名ダンス／動踊る
☑**dancer** [dǽnsər／ダァンサ]　名ダンサー，踊り子
☑**danger** [déindʒər／デインヂャ]　名危険
☑**dangerous** [déindʒərəs／デインヂャラス]　形危険な
☑**dark** [dɑ́:rk／ダーク]　名暗がり／形暗い，黒っぽい
☑**darkness** [dɑ́:rknəs／ダークネス]　名暗さ，やみ
☑**date** [déit／デイト]　名日付け，デート
☑**daughter** [dɔ́:tər／ドータ]　名娘
☑**day** [déi／デイ]　名日，昼間，時代
☑**dead** [déd／デッド]　形死んだ
☑**dear** [díər／ディア]　形親愛な，貴重な
☑**death** [déθ／デス]　名死
☑**December** [disémbər／ディセンバ]　名12月（略：Dec.）
☑**decide** [disáid／ディサイド]　動決める，決心する
☑**deep** [dí:p／ディープ]　形深い
☑**delicious** [dilíʃəs／デリシャス]　形おいしい
☑**dentist** [déntist／デンティスト]　名歯医者
☑**department** [dipɑ́:rtmənt／ディパートメント]　名部門，部，学部
☑**depend** [dipénd／ディペンド]　動頼る，～による
☑**design** [dizáin／ディザイン]　名設計，デザイン，図案／動設計する，計画する
☑**desk** [désk／デスク]　名机
☑**dial** [dáiəl／ダイアル]　名ダイヤル／動電話をかける
☑**diamond** [dáiəmənd／ダイアモンド]　名ダイヤモンド
☑**diary** [dáiəri／ダイアリ]　名日記
☑**dictionary** [díkʃənèri／ディクショネリ]　名辞書
☑**did** [díd／ディッド]　動助doの過去形
☑**die** [dái／ダイ]　動死ぬ
☑**different** [dífərənt／ディファレント]　形違った，別の
☑**difficult** [dífikəlt／ディフィカルト]　形むずかしい
☑**dig** [díg／ディッグ]　動掘る，探究する
☑**diligent** [dílidʒənt／ディリヂェント]　形勤勉な
☑**dinner** [dínər／ディナ]　名食事
☑**dirty** [dɔ́:rti／ダ～ティ]　形きたない，不正な
☑**discover** [diskʌ́vər／ディスカヴァ]　動発見する
☑**discuss** [diskʌ́s／ディスカス]　動話し合う，議論する，話題にする
☑**dish** [díʃ／ディッシ]　名深ざら，料理
☑**distance** [dístəns／ディスタンス]　名距離，間隙，遠方
☑**distant** [dístənt／ディスタント]　形離れた，遠い
☑**divide** [diváid／ディヴァイド]　動分ける，分かれる，割る
☑**do** [dú:／ドゥー]　動する／動助〔疑問文，否定文，強勢文などに用いる〕
☑**doctor** [dɑ́ktər／ダクタ]　名医者，博士

☑**does** [dʌ́z／ダズ]　動助doの3人称・単数・現在形
☑**dog** [dɔ́:g／ドーグ]　名犬
☑**doll** [dɑ́l／ダル]　名人形
☑**dollar** [dɑ́lər／ダラ]　名ドル
☑**door** [dɔ́:r／ドーア]　名戸，入口
☑**double** [dʌ́bl／ダブル]　名2倍／動2倍にする／形2倍の／副2倍に
☑**doubt** [dáut／ダウト]　名疑い／動疑う
☑**down** [dáun／ダウン]　形下りの／副下へ，下に／前～を下って
☑**downstairs** [dáunstéərz／ダウンステアズ]　副階下へ〔で〕
☑**downtown** [dáuntáun／ダウンタウン]　名中心街，商業地区／形商業地区の／副商業地区に〔へ，で〕
☑**dozen** [dʌ́zn／ダズン]　名1ダース，12個
☑**Dr.** [dɑ́ktər／ダクタ]　名〔doctor の略〕博士
☑**drama** [drɑ́:mə／ドゥラーマ]　名劇，演劇
☑**draw** [drɔ́:／ドゥロー]　動（絵や図を）描く，（カーテンなどを）引く
☑**dream** [drí:m／ドゥリーム]　名夢／動夢を見る
☑**dress** [drés／ドゥレス]　名（婦人，子供の）服，ドレス／動服を着せる
☑**drink** [dríŋk／ドゥリンク]　名飲み物／動飲む
☑**drive** [dráiv／ドゥライヴ]　名ドライブ／動運転する，追いだす
☑**driver** [dráivər／ドゥライヴァ]　名運転手
☑**drop** [drɑ́p／ドゥラップ]　名しずく，一滴／動落とす，落ちる
☑**drugstore** [drʌ́gstɔ̀:r／ドゥラッグストーア]　名ドラッグストア
☑**drum** [drʌ́m／ドゥラム]　名太鼓，ドラム／動どんどんたたく
☑**dry** [drái／ドゥライ]　動乾かす，ふく，乾く，しなびる／形乾いた，雨の降らない
☑**duck** [dʌ́k／ダック]　名カモ，アヒル（の類）
☑**during** [djúəriŋ／デュアリング]　前～の間に，～の間ずっと
☑**duty** [djú:ti／デューティー]　名義務，本分，職務

E

☑**each** [í:tʃ／イーチ]　代各自，めいめい／形めいめいの
☑**ear** [íər／イア]　名耳
☑**early** [ɔ́:rli／ア～リ]　形（時期，時間が）早い，初期の，遠い昔の／副（時間的に）早く，大昔に
☑**earn** [ɔ́:rn／ア～ン]　動かせぐ，（生計を）立てる，もうける
☑**earring** [íərriŋ／イアリング]　名イヤリング，耳飾り

☐ **earth** [ə́:rθ／ア〜ス]　名地球，土地

☐ **earthquake** [ə́:rθkwèik／ア〜スクウェイク]　名地震

☐ **east** [í:st／イースト]　名東，〔the E-〕東洋

☐ **eastern** [í:stərn／イースタン]　形東の

☐ **easy** [í:zi／イーズィ]　形容易な

☐ **eat** [í:t／イート]　動食べる，食事をする

☐ **edge** [éʤ／エッヂ]　名端，ふち，きわ

☐ **egg** [ég／エッグ]　名卵

☐ **eight** [éit／エイト]　名8　形8の

☐ **eighteen** [èití:n／エイティーン]　名18　形18の

☐ **eighth** [éitθ／エイトス]　名第8　形第8の

☐ **eighty** [éiti／エイティ]　名80　形80の

☐ **either** [í:ðər／イーザ]　代（2つのうち）どちらでも，どちらか　形（2つのうち）どちらかの　副〔否定文で〕〜もまた

☐ **elbow** [élbou／エルボウ]　名ひじ　動ひじで押す

☐ **elect** [ilékt／イレクト]　動選挙する，選ぶ

☐ **electric** [iléktrik／イレクトゥリック]　形電気の

☐ **elephant** [éləfənt／エレファント]　名象

☐ **elevator** [éləvèitər／エレヴェイタ]　名エレベーター

☐ **eleven** [ilévn／イレヴン]　名11　形11の

☐ **eleventh** [ilévnθ／イレヴンス]　名第11　形第11の

☐ **else** [éls／エルス]　形その他の　副その他に

☐ **empty** [émpti／エンプティ]　動からにする　形からの

☐ **end** [énd／エンド]　名終わり，端，目的　動終わる

☐ **energy** [énərʤi／エナヂィ]　名精力，活動力，エネルギー

☐ **engine** [énʤin／エンヂン]　名エンジン，機関，機関車

☐ **engineer** [ènʤəníər／エンヂニア]　名技師，機関士

☐ **England** [íŋglənd／イングランド]　名イギリス

☐ **English** [íŋgliʃ／イングリッシ]　名英語　形英国の，英語の

☐ **Englishman** [íŋgliʃmən／イングリッシマン]　名イギリス人

☐ **enjoy** [indʒɔ́i／インヂョイ]　動楽しむ

☐ **enough** [ináf／イナフ]　形十分な　副十分に，（〜する）ほどに

☐ **enter** [éntər／エンタ]　動（〜に）入る

☐ **equal** [í:kwəl／イークウォル]　動〜に等しい　形等しい，平等の

☐ **eraser** [iréisər／イレイサ]　名消しゴム，黒板ふき

☐ **escalator** [éskəlèitər／エスカレイタ]　名エスカレーター

☐ **escape** [iskéip／イスケイプ]　名逃亡，脱出　動逃げる，免れる

☐ **especially** [ispéʃəli／イスペシャリ]　副特に，とりわけ

☐ **etc.** [etsétərə／エトセトラ]　略〜など，その他

☐ **Europe** [júərəp／ユアラプ]　名ヨーロッパ

☐ **European** [jùərəpí:ən／ユアラピーアン]　形ヨーロッパの，ヨーロッパ人の　名ヨーロッパ人

☐ **even** [í:vn／イーヴン]　形平らな　副〜でさえ

☐ **evening** [í:vniŋ／イーヴニング]　名夕方

☐ **ever** [évər／エヴァ]　副〔疑問文・否定文・条件文で〕いつか，かつて，これまでに

☐ **every** [évri／エヴリ]　形あらゆる，どの〜もみな，〜ごとに

☐ **everybody** [évribàdi／エヴリバディ]　代だれでも

☐ **everyday** [évridèi／エヴリデイ]　形毎日の，ふだんの

☐ **everyone** [évriwÀn／エヴリワン]　代だれでも

☐ **everything** [évriθiŋ／エヴリスィング]　代なんでも

☐ **everywhere** [évrihwèər／エヴリ(ホ)ウェア]　副どこでも

☐ **exam** [igzæm／イグザム]　名試験

☐ **examination** [igzæminéiʃn／イグザァミネイシャン]　名検査，試験

☐ **example** [igzæmpl／イグザァンブル]　名例，手本，見本

☐ **except** [iksépt／イクセプト]　前〜のほかは

☐ **excite** [iksáit／イクサイト]　動興奮させる，（感情を）起こさせる

☐ **exciting** [iksáitiŋ／イクサイティング]　形はらはらするような，興奮させる

☐ **excuse** 名[ikskjú:s／イクスキュース]　動[ikskjú:z／イクスキューズ]　名弁解，口実　動許す

☐ **exercise** [éksərsàiz／エクササイズ]　名運動，練習，練習問題

☐ **expect** [ikspékt／イクスペクト]　動予期する，期待する

☐ **expensive** [ikspénsiv／イクスペンスィヴ]　形費用のかかる，高価な

☐ **explain** [ikspléin／イクスプレイン]　動説明する，弁明する

☐ **eye** [ái／アイ]　名目

F

☐ **face** [féis／フェイス]　名顔

☐ **fact** [fækt／ファクト]　名真相，実態，事実

☐ **factory** [fæktəri／ファクトリ]　名工場

☐ **fail** [féil／フェイル]　動失敗する

☐ **fair** [féər／フェア]　形公平な，かなりの，きれいな　副公正に，見事に

☐ **fall** [fɔ́:l／フォール]　名秋　動落ちる，倒れる

☐ **false** [fɔ́:ls／フォールス]　形間違った，うその，本物でない

☐ **family** [fæməli／ファミリ]　名家族

☐ **famous** [féiməs／フェイマス]　形有名な

☐ **fan** [fæn／ファン]　名うちわ，ファン　動あおぐ

☐ **far** [fá:r／ファー]　形遠い　副遠く，ずっと

☐ **farm** [fá:rm／ファーム]　名農場

☐ **farmer** [fá:rmər／ファーマ]　名農場主，農夫

☐ **fashion** [fæʃn／ファシャン]　名流行，方法

☑**fast** [fǽst／ファスト]	形速い，（時計が）進んでいる	☑**following** [fάlouiŋ／ファロウイング]	形次に述べる〔記す〕もの
	副速く		形次の，以下の
☑**fat** [fǽt／ファット]	形太った，脂肪の多い	☑**fond** [fάnd／ファンド]	形〜が好きで
☑**father** [fάːðər／ファーザ]	名父	☑**food** [fúːd／フード]	名食物
☑**favorite** [féivərit／フェイヴァリット]	名お気に入りの人〔物〕	☑**fool** [fúːl／フール]	名ばか者
	形お気に入りの	☑**foolish** [fúːliʃ／フーリッシ]	形ばかな，愚かな
☑**fear** [fíər／フィア]	名恐怖	☑**foot** [fút／フット]	名足，ふもと
	動恐れる，危ぶむ，心配する	☑**football** [fútbɔ̀ːl／フットボール]	名フットボール
		☑**for** [fɔ́ːr／フォーア]	前〜のために，〜を求めて，〜向けの，〜に対して，〜にとって，〜の間
☑**February** [fébruèri／フェブルエリ]	名2月（略：Feb.）		
☑**feel** [fíːl／フィール]	動感ずる，さわる		
☑**feeling** [fíːliŋ／フィーリング]	名感覚，気分		接なぜならば
☑**feet** [fíːt／フィート]	名footの複数形	☑**foreign** [fɔ́ːrin／フォーリン]	形外国の
☑**fellow** [félou／フェロウ]	名人，男，仲間	☑**foreigner** [fɔ́ːrinər／フォーリナ]	名外国人
☑**fence** [féns／フェンス]	名フェンス，囲い，柵	☑**forest** [fɔ́ːrist／フォーレスト]	名森林，山林
☑**fever** [fíːvər／フィーヴァ]	名熱，熱病，熱中	☑**forget** [fərgét／フォゲット]	動忘れる
☑**few** [fjúː／フュー]	形〜しかない，（a をつけて）いくらかの	☑**fork** [fɔ́ːrk／フォーク]	名フォーク
		☑**form** [fɔ́ːrm／フォーム]	名形，姿，方式，用紙
☑**field** [fíːld／フィールド]	名野原，畑，競技場，分野		動形づくる
☑**fifteen** [fiftíːn／フィフティーン]	名15	☑**forty** [fɔ́ːrti／フォーティ]	名40
	形15の		形40の
☑**fifth** [fífθ／フィフス]	名第5	☑**forward** [fɔ́ːrwərd／フォーワド]	副前方に〔へ〕，先に〔へ〕
	形第5の	☑**four** [fɔ́ːr／フォーア]	名4
☑**fifty** [fífti／フィフティ]	名50		形4の
	形50の	☑**fourteen** [fɔ̀ːrtíːn／フォーティーン]	名14
☑**fight** [fáit／ファイト]	名戦い，闘志		形14の
	動戦う，奮闘する	☑**fourth** [fɔ́ːrθ／フォース]	名第4
☑**fill** [fíl／フィル]	動満たす，みちる		形第4の
☑**film** [fílm／フィルム]	名フィルム，映画	☑**fox** [fάks／ファックス]	名キツネ
☑**final** [fáinl／ファイヌル]	名決勝戦	☑**France** [frǽns／フラァンス]	名フランス
	形最後の，最終的な	☑**free** [fríː／フリー]	形自由な，暇な
☑**find** [fáind／ファインド]	動見つける，わかる	☑**French** [fréntʃ／フレンチ]	名フランス語
☑**fine** [fáin／ファイン]	形りっぱな，晴れた，元気な		形フランスの，フランス語〔人〕の
☑**finger** [fíŋgər／フィンガ]	名指	☑**Frenchman** [fréntʃmən／フレンチマン]	名（1人の）フランス人
☑**finish** [fíniʃ／フィニッシ]	動終える，仕上げる，終わる		
☑**fire** [fáiər／ファイア]	名火，火事	☑**fresh** [fréʃ／フレッシ]	形新鮮な
☑**first** [fɔ́ːrst／ファ〜スト]	名第1	☑**Friday** [fráidei／フライデイ]	名金曜日（略：Fri.）
	形第1の	☑**fridge** [frídʒ／フリッヂ]	名冷蔵庫
	副第1に	☑**friend** [frénd／フレンド]	名友人
☑**fish** [fíʃ／フィッシ]	名魚	☑**friendly** [fréndli／フレンドリ]	形親しみやすい，親切な，好意的な
☑**five** [fáiv／ファイヴ]	名5		
	形5の	☑**frog** [frάg／フラッグ]	名カエル
☑**fix** [fíks／フィックス]	動固定する，すえる，整える，修理する	☑**from** [frάm／フラム]	前〜から
		☑**front** [frʌ́nt／フラント]	形正面の
☑**flag** [flǽg／フラァッグ]	名旗		副前部，正面
☑**floor** [flɔ́ːr／フローア]	名床，〜階	☑**fruit** [frúːt／フルート]	名くだもの
☑**flow** [flóu／フロウ]	名流れ	☑**fry** [frái／フライ]	名揚げ物
	動流れる		動油でいためる〔揚げる〕
☑**flower** [fláuər／フラウア]	名花	☑**full** [fúl／フル]	形〜でいっぱいの
☑**fly** [flái／フライ]	名ハエ	☑**fun** [fʌ́n／ファン]	名楽しみ，おもしろいこと
	動飛ぶ		
☑**fog** [fάg／ファッグ]	名霧，濃霧	☑**funny** [fʌ́ni／ファニ]	形おかしい，おもしろい，変な
	動霧でつつまれる		
☑**folk** [fóuk／フォウク]	名人々，家族	☑**fur** [fɔ́ːr／ファ〜]	名毛皮，毛皮製品
☑**follow** [fάlou／ファロウ]	動〜に続く，〜のあとを継ぐ，従う	☑**furniture** [fɔ́ːrnitʃər／ファ〜ニチャ]	名家具
		☑**future** [fjúːtʃər／フューチャ]	名未来，将来
			形未来の

G

☐ **game** [géim／ゲイム]　图試合，ゲーム遊び，競技，勝負

☐ **garage** [gərá:ʒ／ガラージ]　图車庫，ガレージ

☐ **garden** [gá:rdn／ガードゥン]　图庭，花園

☐ **gas** [gǽs／ギャス]　图ガス，ガソリン

☐ **gasoline** [gǽsəlì:n／ギャソリーン]　图ガソリン

☐ **gate** [géit／ゲイト]　图門

☐ **gather** [gǽðər／ギャザ]　動集める，摘む，集まる

☐ **gentle** [dʒéntl／ヂェントゥル]　形おとなしい，やさしい，穏かな

☐ **gentleman** [dʒéntlmən／ヂェントゥルマン]　图紳士

☐ **German** [dʒə́:rmən／ヂャ～マン]　图ドイツ語，ドイツ人　形ドイツの，ドイツ語の，ドイツ人の

☐ **Germany** [dʒə́:rməni／ヂャ～マニ]　图ドイツ

☐ **gesture** [dʒéstʃər／ヂェスチャ]　图身ぶり，そぶり　動身ぶりをする

☐ **get** [gét／ゲット]　動得る，買う，理解する

☐ **gift** [gíft／ギフト]　图贈り物，特殊な才能

☐ **girl** [gə́:rl／ガ～ル]　图女の子，少女

☐ **give** [gív／ギヴ]　動与える，渡す

☐ **glad** [glǽd／グラァッド]　形うれしい，喜んで

☐ **glass** [glǽs／グラァス]　图ガラス，コップ

☐ **glasses** [glǽsiz／グラァスィズ]　图めがね

☐ **glove** [glʌ́v／グラヴ]　图手袋，グローブ

☐ **go** [góu／ゴウ]　動行く

☐ **goal** [góul／ゴウル]　图目標，目的地，ゴール，決勝点

☐ **god** [gád／ガッド]　图神，〔G-〕(キリスト教の)神

☐ **gold** [góuld／ゴウルド]　图金，金貨　形金の，金製の

☐ **golden** [góuldən／ゴウルドゥン]　形金色の，貴重な

☐ **golf** [gálf／ガルフ]　图ゴルフ

☐ **good** [gúd／グッド]　形よい，ためになる

☐ **good-by(e)** [gùdbái／グッ(ド)バイ]　間さようなら

☐ **grade** [gréid／グレイド]　图等級，程度，学年　動等級をつける

☐ **gram** [grǽm／グラァム]　图グラム

☐ **grandchild** [grǽntʃàild／グラァンチャイルド]　图孫

☐ **grandfather** [grǽndfà:ðər／グラァン(ド)ファーザ]　图祖父

☐ **grandmother** [grǽndmʌ̀ðər／グラァン(ド)マザ]　图祖母

☐ **grape** [gréip／グレイプ]　图ブドウ

☐ **grass** [grǽs／グラァス]　图草，芝生

☐ **gray** [gréi／グレイ]　图灰色　形灰色の，陰気な，白髪の

☐ **great** [gréit／グレイト]　形偉大な，重要な

☐ **Greece** [grí:s／グリース]　图ギリシャ

☐ **Greek** [grí:k／グリーク]　图ギリシャ人〔語〕　形ギリシャの，ギリシャ人〔語〕の

☐ **green** [grí:n／グリーン]　图緑　形緑色の

☐ **greeting** [grí:tiŋ／グリーティング]　图あいさつ

☐ **grocery** [gróusəri／グロウサリ]　图食料雑貨類〔店〕

☐ **ground** [gráund／グラウンド]　图地面，土地，運動場

☐ **group** [grú:p／グループ]　图集団

☐ **grow** [gróu／グロウ]　動成長する，〜になる，栽培する

☐ **grown-up** 图[gróunʌ̀p／グロウンアップ]　图大人　形[gróunʌ́p／グロウンアップ]　形大人の

☐ **guard** [gá:rd／ガード]　图番人，見張り，警戒　動守る，番をする

☐ **guess** [gés／ゲス]　图推量，憶測　動推量する，思う

☐ **guest** [gést／ゲスト]　图客，ゲスト

☐ **guide** [gáid／ガイド]　图ガイド，案内書　動案内する，助言を与える，指導する

☐ **guitar** [gitá:r／ギター]　图ギター

☐ **gun** [gʌ́n／ガン]　图銃，大砲

☐ **gym** [dʒím／ヂム]　图体育館，体育

☐ **gymnasium** [dʒimnéiziəm／ヂムネイズィアム]　图体育館

H

☐ **habit** [hǽbit／ハァビット]　图癖，習慣

☐ **had** [hǽd／ハァド]　動助have, has の過去・過去分詞形

☐ **hair** [héər／ヘア]　图毛，髪

☐ **haircut** [héərkʌ̀t／ヘアカット]　图散髪

☐ **half** [hǽf／ハァフ]　图半分，2分の1

☐ **hall** [hɔ́:l／ホール]　图広間，廊下，会館

☐ **ham** [hǽm／ハァム]　图ハム

☐ **hamburger** [hǽmbə̀:rgər／ハァンバ～ガ]　图ハンバーガー

☐ **hand** [hǽnd／ハァンド]　图手

☐ **handbag** [hǽndbæg／ハァンドバッグ]　图ハンドバッグ

☐ **handkerchief** [hǽŋkərtʃif／ハァンカチフ]　图ハンカチ

☐ **handsome** [hǽnsəm／ハァンサム]　图顔立ちの美しい，立派な

☐ **hang** [hǽŋ／ハァング]　動かける，吊るす，ぶら下がる

☐ **happen** [hǽpn／ハァプン]　動(偶然に)起こる

☐ **happiness** [hǽpinəs／ハァピネス]　图幸福，満足

☐ **happy** [hǽpi／ハァピ]　形幸福な，うれしい，楽しい

☐ **hard** [há:rd／ハード]　形堅い，むずかしい，熱心な　副一生懸命に，激しく，熱心に

☐ **hardly** [há:rdli／ハードリ]　副ほとんど〜でない

☐ **has** [hǽz／ハァズ]　動助have の3人称・単数・現在形

☐ **hat** [hǽt／ハァット]　图(縁のある)帽子

☐ **have** [hǽv／ハァヴ]　動持っている，食べる，飲む　助〔過去分詞と結合して完了形をつくる〕

☐ **Hawaii** [həwáii:／ハワイイー]　图ハワイ

☐ **he** [hí:／ヒー]　代彼は，彼が

☐ **head** [héd／ヘッド]　图頭，頭脳，かしら

☑ **headache** [hédèik／ヘッドエイク]　图頭痛，悩みの種
☑ **health** [hélθ／ヘルス]　图健康，健康状態
☑ **healthy** [hélθi／ヘルスィ]　形健康な，健全な
☑ **hear** [híər／ヒア]　動聞く，聞こえる
☑ **heart** [háːrt／ハート]　图心臓，心，中心
☑ **heat** [híːt／ヒート]　图熱 / 動熱くする，暖める
☑ **heater** [híːtər／ヒータ]　图暖房装置，電熱器，ヒーター
☑ **heavy** [hévi／ヘヴィ]　形重い
☑ **heel** [híːl／ヒール]　图かかと
☑ **helicopter** [hélikàptər／ヘリカプタ]　图ヘリコプター
☑ **hello** [helóu／ヘロウ]　間（電話をかけるときの）もしもし，やあ（あいさつ）
☑ **helmet** [hélmit／ヘルメット]　图ヘルメット，かぶと
☑ **help** [hélp／ヘルプ]　動助ける，手伝う
☑ **hen** [hén／ヘン]　图めんどり
☑ **her** [háːr／ハ〜]　代彼女の〔に，を〕
☑ **here** [híər／ヒア]　副ここに〔へ，で〕
☑ **hero** [híːrou／ヒーロウ]　图英雄，主人公
☑ **hers** [háːrz／ハ〜ズ]　代彼女のもの
☑ **herself** [hərsélf／ハセルフ]　代彼女自身
☑ **hi** [hái／ハイ]　間やあ，こんにちは
☑ **hide** [háid／ハイド]　動隠す，隠れる
☑ **high** [hái／ハイ]　形高い / 副高く
☑ **highway** [háiwèi／ハイウェイ]　图幹線道路，ハイウェイ
☑ **hike** [háik／ハイク]　图ハイキング / 動ハイキングをする
☑ **hill** [híl／ヒル]　图小山，丘，坂
☑ **him** [hím／ヒム]　代彼を，彼に
☑ **himself** [himsélf／ヒムセルフ]　代彼自身
☑ **hint** [hínt／ヒント]　图ヒント，暗示，注意 / 動ほのめかす，それとなく知らせる
☑ **his** [híz／ヒズ]　代彼の，彼のもの
☑ **history** [hístəri／ヒスタリ]　图歴史，経歴
☑ **hit** [hít／ヒット]　動打つ，ぶつかる
☑ **hobby** [hábi／ハビ]　图趣味
☑ **hold** [hóuld／ホウルド]　動持つ，催す
☑ **hole** [hóul／ホウル]　图穴
☑ **holiday** [hálədèi／ハリデイ]　图休日
☑ **home** [hóum／ホウム]　图家庭，家 / 副家に，本国に
☑ **homework** [hóumwə̀ːrk／ホウムワ〜ク]　图宿題
☑ **honest** [ánist／アネスト]　形正直な
☑ **honey** [háni／ハニ]　图はちみつ
☑ **hope** [hóup／ホウプ]　图希望 / 動望む
☑ **horse** [hɔ́ːrs／ホース]　图馬
☑ **hospital** [háspitl／ハスピトゥル]　图病院
☑ **host** [hóust／ホウスト]　图主人，主人役
☑ **hostess** [hóustəs／ホウステス]　图女主人，女主人役
☑ **hot** [hát／ハット]　形暑い，辛い
☑ **hotel** [houtél／ホウテル]　图ホテル
☑ **hour** [áuər／アウア]　图時間，時刻
☑ **house** [háus／ハウス]　图家
☑ **housewife** [háuswàif／ハウスワイフ]　图主婦

☑ **housework** [háuswə̀ːrk／ハウスワ〜ク]　图家事
☑ **how** [háu／ハウ]　副どのようにして，どれほど，どうして
☑ **hundred** [hándrəd／ハンドゥレッド]　图100 / 形100の
☑ **hunger** [háŋgər／ハンガ]　图飢え，熱望
☑ **hungry** [háŋgri／ハングリ]　形空腹の，飢えた
☑ **hunt** [hánt／ハント]　動狩りをする，あさる
☑ **hunter** [hántər／ハンタ]　图狩人，猟師
☑ **hurry** [háːri／ハ〜リ]　图急ぎ / 動急ぐ
☑ **hurt** [háːrt／ハ〜ト]　图傷，けが / 動傷つける，痛む / 形けがをした
☑ **husband** [házbənd／ハズバンド]　图夫

I

☑ **I** [ái／アイ]　代私は〔が〕
☑ **ice** [áis／アイス]　图氷
☑ **idea** [aidíːə／アイディーア]　图考え，着想，意見
☑ **idle** [áidl／アイドゥル]　動ぶらぶら過ごす / 形遊んでいる，暇な，怠惰な
☑ **if** [íf／イフ]　接もし〜ならば，〜かどうか
☑ **ill** [íl／イル]　形病気の
☑ **illness** [ílnəs／イルネス]　图病気
☑ **imagine** [imǽdʒin／イマァヂン]　動想像する，思う
☑ **important** [impɔ́ːrtnt／インポータント]　形重要な
☑ **impossible** [impásəbl／インパスィブル]　形あり得ない，不可能な
☑ **in** [ín／イン]　前〜の中に〔の，で〕
☑ **inch** [íntʃ／インチ]　图インチ
☑ **indeed** [indíːd／インディード]　副実に，本当に
☑ **India** [índiə／インディア]　图インド
☑ **Indian** [índiən／インディアン]　图アメリカインディアン，インド人 / 形インディアンの，インドの，インド人の
☑ **indoor** [índɔ̀ːr／インドーア]　形屋内の，室内の
☑ **information** [ìnfərméiʃn／インフォメイシャン]　图情報，知識，案内
☑ **ink** [íŋk／インク]　图インク
☑ **inn** [ín／イン]　图宿屋
☑ **insect** [ínsekt／インセクト]　图昆虫
☑ **inside** [insáid／インサイド]　图内側 / 前〜の内部に
☑ **interest** [íntərəst／インタレスト]　图興味，関心，利息 / 動興味をもたせる
☑ **interesting** [íntərəstiŋ／インタレスティング]　形おもしろい，興味のある
☑ **international** [ìntərnǽʃənl／インタナァショヌル]　形国際的な，国家間の
☑ **into** [íntuː／イントゥー]　前〜の中へ
☑ **introduce** [intrədjúːs／イントゥロデュース]　動紹介する，導入する
☑ **invent** [invént／インヴェント]　動発明する

☐ invention [invénʃn／インヴェンシャン]	名発明，発明品	☐ kick [kík／キック]	名けること，足げ
			動ける
☐ invitation [ìnvitéiʃn／インヴィテイシャン]	名招待，招待状	☐ kill [kíl／キル]	動殺す，（時間）をつぶす
		☐ kilogram [kíləgræm／キログラァム]	名キログラム
☐ invite [inváit／インヴァイト]	動招待する	☐ kilometer [kilámitər／キラミタ]	名キロメートル
☐ iron [áiərn／アイアン]	名鉄，アイロン	☐ kind [káind／カインド]	名種類
	動アイロンをかける		形親切な
	形鉄（製）の	☐ kindness [káindnəs／カインドネス]	名親切，親切な行為
☐ is [íz／イズ]	動～である，いる	☐ king [kíŋ／キング]	名王
☐ island [áilənd／アイランド]	名島	☐ kiss [kís／キス]	名キス
☐ it [ít／イット]	代それは〔が〕，それに〔を〕		動キスをする
		☐ kitchen [kítʃən／キチン]	名台所
☐ Italian [itæljən／イタァリャン]	名イタリア人，イタリア語	☐ knee [ní:／ニー]	名ひざ
	形イタリアの，イタリア人〔語〕の	☐ knife [náif／ナイフ]	名ナイフ
		☐ knit [nít／ニット]	動編む
		☐ knock [nák／ナック]	名ノック
☐ Italy [ítəli／イタリ]	名イタリア		動打つ，叩く，ノックする
☐ its [íts／イッツ]	代その	☐ know [nóu／ノウ]	動知る，知っている，分っている
☐ itself [itsélf／イトセルフ]	代それ自身	☐ Korea [kərí:ə／コリーア]	名韓国，朝鮮

J

		☐ Korean [kərí:ən／コリーアン]	名韓国〔朝鮮〕人，韓国〔朝鮮〕語
☐ jacket [dʒǽkit／ヂァケット]	名上衣，ジャケット		形韓国〔朝鮮〕の，韓国〔朝鮮〕人〔語〕の
☐ jam [dʒǽm／ヂァム]	名ジャム		
☐ January [dʒǽnjuèri／ヂァニュエリ]	名1月（略：Jan.）		
☐ Japan [dʒəpǽn／ヂァパァン]	名日本 〔j-〕漆器		

L

☐ Japanese [dʒæpəní:z／ヂァパニーズ]	名日本人，日本語	☐ ladder [lǽdər／ラァダ]	名はしご，手段
	形日本の，日本人〔語〕の	☐ lady [léidi／レイディ]	名婦人
☐ jaw [dʒɔ́:／ヂョー]	名あご	☐ lake [léik／レイク]	名湖
☐ jazz [dʒǽz／ヂァズ]	名ジャズ	☐ lamb [lǽm／ラァム]	名子羊，子羊の肉
☐ jeans [dʒí:nz／ヂーンズ]	名ジーンズ，ジーパン	☐ lamp [lǽmp／ラァンプ]	名ランプ，あかり，灯火
☐ jet [dʒét／ヂェット]	名ジェット機，噴出	☐ land [lǽnd／ラァンド]	名陸地，土地，国土
☐ job [dʒáb／ヂァブ]	名仕事		動上陸する，着陸する
☐ join [dʒɔ́in／ヂョイン]	動結合する，つなぐ，～に加わる	☐ language [lǽŋgwidʒ／ラァングウィッヂ]	名言語，ことば，国語
☐ joke [dʒóuk／ヂョウク]	名冗談	☐ large [lá:rdʒ／ラーヂ]	形大きい，多量の
	動冗談を言う	☐ last [lǽst／ラァスト]	形最後の
☐ journey [dʒə́:rni／ヂャ～ニ]	名旅行		副最後に
☐ joy [dʒɔ́i／ヂョイ]	名喜び	☐ late [léit／レイト]	形遅い
☐ joyful [dʒɔ́ifl／ヂョイフル]	形喜ばしい，喜んでいる		副遅く
☐ judge [dʒʌ́dʒ／ヂャッヂ]	名裁判官，審判，審査員，判定	☐ lately [léitli／レイトリ]	副近ごろ，最近
	動裁判する，審査する，判断する	☐ later [léitər／レイタ]	形〔late の比較級〕あとの
			副あとで
☐ juice [dʒú:s／ヂュース]	名ジュース	☐ latest [léitist／レイテスト]	形最近の，一番遅い
☐ July [dʒulái／ヂュライ]	名7月（略：Jul.）	☐ laugh [lǽf／ラァフ]	名笑い
☐ jump [dʒʌ́mp／ヂャンプ]	名跳躍，ジャンプ		動笑う
	動跳ぶ	☐ laundry [lɔ́:ndri／ローンドゥリ]	名洗たく物，洗たく屋
☐ June [dʒú:n／ヂューン]	名6月（略：Jun.）	☐ law [lɔ́:／ロー]	名法律，規則，法則
☐ junior [dʒú:njər／ヂューニャ]	名年少者	☐ lay [léi／レイ]	動横たえる，（卵を）産む
	形年下の	☐ lazy [léizi／レイズィ]	形怠惰な，ものぐさな
☐ just [dʒʌ́st／ヂャスト]	形正しい，適正な	☐ lead [lí:d／リード]	動導く，先頭に立つ，ぬきんでる
	副ちょうど，まさに，きっかり	☐ leader [lí:dər／リーダ]	名指導者，統率者

K

		☐ leaf [lí:f／リーフ]	名（木や草の）葉
☐ keep [kí:p／キープ]	動保つ，飼う，取っておく，守る，預かる	☐ learn [lə́:rn／ラ～ン]	動学ぶ，知る
		☐ least [lí:st／リースト]	名最小，最小限度
			形最小の
☐ keeper [kí:pər／キーパ]	名番人，管理人，記録係		副もっとも少なく
☐ kettle [kétl／ケトゥル]	名やかん	☐ leave [lí:v／リーヴ]	動去る，置いていく
☐ key [kí:／キー]	名鍵		

☑ **left** [léft／レフト]	名左 形左の 副左に	☑ **low** [lóu／ロウ]	形低い 副低く
☑ **leg** [lég／レッグ]	名脚	☑ **luck** [lák／ラック]	名運，幸運
☑ **lemon** [lémən／レモン]	名レモン	☑ **lucky** [láki／ラキ]	形幸運の
☑ **lend** [lénd／レンド]	動貸す	☑ **lunch** [lántʃ／ランチ]	名昼食，弁当
☑ **less** [lés／レス]	形より少ない 副より少なく		動昼食を食べる

M

☑ **lesson** [lésn／レスン]	名(教科書の)課，授業	☑ **ma'am** [mǽm／マアム]	名〔madam の短縮形〕奥様
☑ **let** [lét／レット]	動〜させる，〔Let's 〜で〕さあ〜しよう	☑ **machine** [məʃíːn／マシーン]	名機械
☑ **letter** [létər／レタ]	名手紙，文字	☑ **mad** [mǽd／マァッド]	形気の狂った，熱狂した，怒った
☑ **library** [láibreri／ライブレリ]	名図書館	☑ **madam** [mǽdəm／マァダム]	名奥様
☑ **lie** [lái／ライ]	名嘘 動横たわる 動嘘をつく	☑ **magazine** [mǽgəzìːn／マァガズィーン]	名雑誌，弾倉
☑ **life** [láif／ライフ]	名生活，人生，生命	☑ **magic** [mǽdʒik／マァヂック]	名魔法，奇術，不思議な力
☑ **lift** [líft／リフト]	名持ち上げること，リフト 動持ち上げる	☑ **mail** [méil／メイル]	名郵便(物) 動郵送する
☑ **light** [láit／ライト]	名光，電灯 形軽い，明るい	☑ **mailbox** [méilbàks／メイルバックス]	名郵便受け，ポスト
☑ **lightning** [láitniŋ／ライトニング]	名稲光，稲妻，雷	☑ **main** [méin／メイン]	形主要な
☑ **like** [láik／ライク]	動好む 前〜に似た，〜のような	☑ **major** [méidʒər／メイヂャ]	名専攻科目 形大きな，多数の，専門の
☑ **lily** [líli／リリ]	名ゆり	☑ **make** [méik／メイク]	動作る，〜させる，〜を…にする
☑ **line** [láin／ライン]	名線，(文字の)行，行列，ひも	☑ **maker** [méikər／メイカ]	名作る人，製作者，製造業者
☑ **lion** [láiən／ライアン]	名ライオン	☑ **mall** [mɔ́ːl／モール]	名歩行者天国，ショッピングセンター
☑ **lip** [líp／リップ]	名くちびる	☑ **man** [mǽn／マァン]	名男，人間
☑ **list** [líst／リスト]	名表，目録 動名簿〔目録〕に記入する	☑ **manager** [mǽnidʒər／マァネヂャ]	名支配人，経営者
☑ **listen** [lísn／リスン]	動聞く	☑ **manner** [mǽnər／マァナ]	名方法，やり方〔-s〕風習，作法
☑ **little** [lítl／リトゥル]	形小さい，少ない 形副ほとんどない，〔a をつけて〕少しはある	☑ **many** [méni／メニ]	形多くの
☑ **live** [lív／リヴ]	動生活する，住む，暮らす 形生きている，生の	☑ **map** [mǽp／マァップ]	名地図
		☑ **march** [máːrtʃ／マーチ]	名行進，行進曲 動行進する
☑ **living** [líviŋ／リヴィング]	名生活，生計 形生命のある	☑ **March** [máːrtʃ／マーチ]	名3月(略：Mar.)
☑ **loaf** [lóuf／ロウフ]	名(パンの)ひとかたまり，ローフ	☑ **mark** [máːrk／マーク]	名しるし，目標，点数 動しるしをつける，注目する
☑ **locker** [lákər／ラカ]	名ロッカー	☑ **market** [máːrkit／マーケット]	名市場
☑ **London** [lándən／ランダン]	名ロンドン	☑ **marry** [mǽri／マァリ]	動結婚する
☑ **lonely** [lóunli／ロウンリ]	形孤独の，さびしい	☑ **master** [mǽstər／マァスタ]	名主人
☑ **long** [lɔ́ːŋ／ローング]	形長い 副長く	☑ **match** [mǽtʃ／マアッチ]	名マッチ，試合，(能力などで)対等の人，好敵手 動つり合う
☑ **look** [lúk／ルック]	名見ること，様子 動見る，〜に見える		
☑ **lose** [lúːz／ルーズ]	動失う，負ける	☑ **math** [mǽθ／マァス]	名数学
☑ **lot** [lát／ラット]	名たくさん〔a 〜 of〕たくさんの	☑ **mathematics** [mǽθəmǽtiks／マァセマァティックス]	名数学
☑ **loud** [láud／ラウド]	形騒々しい，(声や音が)大きい 副大声で	☑ **matter** [mǽtər／マァタ]	名事柄，事態，物質
		☑ **may** [méi／メイ]	動〜してもよい，〜かもしれない
☑ **loudly** [láudli／ラウドリ]	副大声で，騒々しく	☑ **May** [méi／メイ]	名5月
☑ **love** [láv／ラヴ]	名愛 動愛する	☑ **maybe** [méibiː／メイビー]	副たぶん
		☑ **me** [míː／ミー]	代私を〔に〕
☑ **lovely** [lávli／ラヴリ]	形かわいらしい，すばらしい	☑ **meal** [míːl／ミール]	名食事
		☑ **mean** [míːn／ミーン]	動意味する，〜のつもりで言う

☐ **meaning** [míːniŋ／ミーニング]	名意味，意義	
☐ **meat** [míːt／ミート]	名肉	
☐ **mechanic** [məkǽnik／メキァニック]	名機械工，職工	
☐ **medicine** [médəsn／メディスン]	名薬，医学	
☐ **medium** [míːdiəm／ミーディアム]	名手段，媒体，中間	
	形中くらいの	
☐ **meet** [míːt／ミート]	名競技会	
	動会う	
☐ **meeting** [míːtiŋ／ミーティング]	名会，集会	
☐ **member** [mémbər／メンバ]	名会員	
☐ **memory** [méməri／メモリ]	名記憶，思い出，記念	
☐ **men** [mén／メン]	名man の複数形	
☐ **mend** [ménd／メンド]	動直す，修繕する	
☐ **menu** [ménju／メニュー]	名献立表，食事	
☐ **merchant** [máːrtʃənt／マ～チャント]	名商人	
☐ **merry** [méri／メリ]	形陽気な，快活な	
☐ **message** [mésidʒ／メセッヂ]	名伝言，通信	
☐ **metal** [métl／メトゥル]	名金属	
☐ **meter** [míːtər／ミータ]	名メートル，（ガス，水道，	
	タクシーなどの）メー	
	ター	
☐ **microphone** [máikrəfòun／	名マイクロホン，マイク	
マイクロフォウン]		
☐ **middle** [mídl／ミドゥル]	名中央	
	形中央の，中間の	
☐ **midnight** [mídnàit／ミッドナイト]	名午前0時，真夜中の	
☐ **might** [máit／マイト]	助may の過去形	
☐ **mild** [máild／マイルド]	形温厚な，温和な，まろ	
	やかな	
☐ **mile** [máil／マイル]	名マイル	
☐ **milk** [mílk／ミルク]	名牛乳，ミルク	
☐ **million** [míljən／ミリョン]	名100万，多数	
☐ **mind** [máind／マインド]	名心，精神，知力	
	動心にとめる，気にかけ	
	る，いやがる	
☐ **mine** [máin／マイン]	代私のもの	
☐ **minor** [máinər／マイナ]	名未成年者	
	形小さいほうの，二流の	
☐ **minute** [mínit／ミニット]	名分，ちょっとの間	
☐ **mirror** [mírər／ミラ]	名鏡	
☐ **miss** [mís／ミス]	名取り逃がし	
	動取り逃がす，〜しそこ	
	なう，〜がないので寂	
	しく思う	
☐ **Miss** [mís／ミス]	名未婚女性の総称	
☐ **missing** [mísiŋ／ミスィング]	形行方不明の	
☐ **mistake** [mistéik／ミステイク]	名誤り，まちがい	
	動まちがえる，思い違い	
	をする	
☐ **mix** [míks／ミックス]	名混合	
	動混ぜる，混ざる	
☐ **model** [mádl／マドゥル]	名手本，模型，型，モデル	
☐ **modern** [mádərn／マダン]	形現代の，新式の	
☐ **mom** [mám／マム]	名ママ，お母さん	
☐ **moment** [móumənt／モウメント]	名瞬間	
☐ **Monday** [mándèi／マンディ]	名月曜日（略：Mon.）	
☐ **money** [máni／マニ]	名お金	
☐ **monkey** [máŋki／マンキ]	名サル	
☐ **month** [mánθ／マンス]	名（暦の）月	
☐ **moon** [múːn／ムーン]	名月	

☐ **more** [máːr／モーア]	形〔many, much の比較	
	級で〕もっと多くの	
	副〔much の比較級で〕	
	もっと	
☐ **morning** [máːrniŋ／モーニング]	名朝，午前	
☐ **most** [móust／モウスト]	形〔many, much の最上	
	級で〕もっとも多くの	
	副〔much の最上級で〕	
	いちばん，もっとも	
☐ **mother** [máðər／マザ]	名母	
☐ **motor** [móutər／モウタ]	名モーター，発動機	
☐ **Mount** [máunt／マウント]	名〔山の名の前につけて〕	
	〜山	
☐ **mountain** [máuntn／マウントゥン]	名山	
☐ **mouse** [máus／マウス]	名ネズミ，ハツカネズミ	
☐ **mouth** [máuθ／マウス]	名口	
☐ **move** [múːv／ムーヴ]	動動かす，引っ越す	
☐ **movie** [múːvi／ムーヴィ]	名映画	
☐ **Mr.** [místər／ミスタ]	名〔Mister の略〕〜氏，	
	〜さん	
☐ **Mrs.** [mísiz／ミスィズ]	名〔Mistress の略〕〜夫人	
☐ **Ms.** [míz／ミズ]	名ミズ〔Miss と Mrs. を合	
	わせた女性の敬称〕	
☐ **Mt.** [máunt／マウント]	名〔Mount の略〕〜山	
☐ **much** [mátʃ／マッチ]	形多量の	
	副非常に	
☐ **mud** [mád／マッド]	名泥	
☐ **museum** [mjuːzíəm／ミューズィアム]	名博物館，美術館	
☐ **music** [mjúːzik／ミューズィック]	名音楽	
☐ **musical** [mjúːzikl／ミューズィクル]	名ミュージカル	
	形音楽の，音楽的な	
☐ **musician** [mjuːzíʃn／	名音楽家	
ミューズィシャン]		
☐ **must** [mást／マスト]	助〜しなくてはならない，	
	〜にちがいない	
☐ **my** [mái／マイ]	代私の	
☐ **myself** [maisélf／マイセルフ]	代私自身	

N

☐ **nail** [néil／ネイル]	名くぎ，指のつめ	
☐ **name** [néim／ネイム]	名名前	
	動名前をつける	
☐ **narrow** [nǽrou／ナァロウ]	形せまい，厳密な，かろ	
	うじての	
☐ **nation** [néiʃn／ネイシャン]	名国家，国民	
☐ **national** [nǽʃnəl／ナァショナル]	形国民の，国家の	
☐ **natural** [nǽtʃərəl／ナァチュラル]	形自然の，当然な	
☐ **nature** [néitʃər／ネイチャ]	名自然，性質，天性	
☐ **near** [níər／ニア]	副近く	
	前〜の近くに	
☐ **nearly** [níərli／ニアリ]	副ほとんど，今少しで	
☐ **necessary** [nésəsèri／ネセセリ]	形必要な，欠くことので	
	きない	
☐ **neck** [nék／ネック]	名首	
☐ **necklace** [nékləs／ネクレス]	名ネックレス，首飾り	
☐ **need** [níːd／ニード]	名必要，入用，欠乏	
	動必要とする	
☐ **neighbo(u)r** [néibər／ネイバ]	名隣人，近所の人，隣席	
	の人	

□**neither** [ní:ðər／ニーザ]　代どちらも～しない

形どちらも～でない

副～でもなく(…でもない)，～も…しない

□**nest** [nést／ネスト]　名巣

□**net** [nét／ネット]　名網

□**never** [névər／ネヴァ]　副決して～ない

□**new** [njú:／ニュー]　形新しい

□**news** [njú:z／ニューズ]　名ニュース

□**newspaper** [njú:zpèipər／ニューズペイパ]　名新聞

□**New York** [njù: jɔ́:rk／ニューヨーク]　名ニューヨーク

□**next** [nékst／ネクスト]　形次の

副次に

□**nice** [náis／ナイス]　形よい，りっぱな，親切な

□**night** [náit／ナイト]　名夜

□**nine** [náin／ナイン]　名9

形9の

□**nineteen** [nàintí:n／ナインティーン]　名19

形19の

□**ninety** [náinti／ナインティ]　名90

形90の

□**ninth** [náinθ／ナインス]　名第9

形第9の

□**no** [nóu／ノウ]　形(少しも～)ない，だれも～ない

副いいえ

□**No., no.** [nʌ́mbər／ナンバ]　名〔number の略〕～番，～号

□**noble** [nóubl／ノウブル]　形高貴な，気品のある

□**nobody** [nóubədi／ノウバディ]　代だれも～ない

□**nod** [nád／ナッド]　名うなずき

動うなずく，会釈する

□**noise** [nɔ́iz／ノイズ]　名物音，騒音

□**noisy** [nɔ́izi／ノイズィ]　形やかましい

□**none** [nʌ́n／ナン]　代だれも～ない，ひとつも～ない

□**noon** [nú:n／ヌーン]　名正午

□**nor** [nɔ́:r／ノーア]　接また～でもない

□**north** [nɔ́:rθ／ノース]　名北

□**northern** [nɔ́:rðərn／ノーザン]　形北の

□**nose** [nóuz／ノウズ]　名鼻

□**not** [nát／ナット]　副～でない

□**notebook** [nóutbùk／ノウトブック]　名ノート

□**nothing** [nʌ́θiŋ／ナスィング]　名無，ゼロ

代何も～ない，少しも～しない

□**November** [nouvémbər／ノウヴェンバ]　名11月(略：Nov.)

□**now** [náu／ナウ]　名現在

副今

□**number** [nʌ́mbər／ナンバ]　名数(字)，番号

動番号をつける

□**nurse** [nɔ́:rs／ナ～ス]　名看護師

□**nut** [nʌ́t／ナット]　名木の実

O

□**obey** [oubéi／オウベイ]　動従う

□**ocean** [óuʃn／オウシャン]　名大洋，海

□**o'clock** [əklák／オクラック]　副～時

□**October** [aktóubər／アクトウバ]　名10月(略：Oct.)

□**of** [ʌ́v／アヴ]　前～の，～という，～のうちの，～について

□**off** [ɔ́:f／オーフ]　副離れて，向こうに

前～から離れて

□**offer** [ɔ́:fər／オーファ]　名提供，申し出

動提供する，申し出る

□**office** [ɔ́:fis／オーフィス]　名事務所，会社，役所

□**often** [ɔ́:fn／オーフン]　副しばしば

□**oh** [óu／オウ]　間ああ，おお

□**oil** [ɔ́il／オイル]　名油，石油

□**OK, O.K., okay** [òukéi／オウケイ]　形よろしい

副よし，オーケー

□**old** [óuld／オウルド]　形年とった，古い

□**Olympic** [əlímpik／オリンピック]　形オリンピックの

□**on** [án／アン]　前～の上に，～の上で

□**once** [wʌ́ns／ワンス]　副いちど，かつて

□**one** [wʌ́n／ワン]　名1，ひとつ

代人

形ひとつの

□**oneself** [wʌnsélf／ワンセルフ]　代自分で，自分自身を〔に〕

□**onion** [ʌ́njən／アニョン]　名たまねぎ

□**only** [óunli／オウンリ]　形唯一の

副ただ

□**open** [óupn／オウプン]　動開く，始める

形開いている

□**operator** [ápərèitər／アペレイタ]　名運転者，交換手

□**or** [ɔ́:r／オーア]　接または，〔命令文の後で〕さもないと

□**orange** [ɔ́:rindʒ／オーレンヂ]　名オレンジ

□**orchestra** [ɔ́:rkəstrə／オーケストゥラ]　名オーケストラ，管弦楽団

□**order** [ɔ́:rdər／オーダ]　名順序，配列，秩序，命令，注文

動命令する，注文する

□**other** [ʌ́ðər／アザ]　代もう一方

形他の

□**ought** [ɔ́:t／オート]　助〔to を伴って〕～すべきである

□**our** [áuər／アウア]　代私たちの

□**ours** [áuərz／アウアズ]　代私たちのもの

□**ourselves** [auərsélvz／アウアセルヴズ]　代私たち自身

□**out** [áut／アウト]　副外へ

□**outdoor** [áutdɔ̀:r／アウトドーア]　形屋外の

□**outside** [àutsáid／アウトサイド]　名外部

前～の外側に〔の，で〕

□**oven** [ʌ́vn／アヴン]　名オーブン

□**over** [óuvər／オウヴァ]　前～の上に，を越えて，～以上の，～をしながら

副越えて，終って

□**overcoat** [óuvərkòut／オウヴァコウト]　名オーバーコート

□**own** [óun／オウン]　動所有する

形自身の

□**ox** [áks／アックス]　名雄牛

P

□**Pacific** [pəsífik／パスィフィック]　名太平洋

形太平洋(沿岸)の

☐ **package** [pǽkidʒ／パアケッヂ]	名包み，荷物
☐ **page** [péidʒ／ペイヂ]	名ページ
☐ **painful** [péinfl／ペインフル]	形痛い，つらい
☐ **paint** [péint／ペイント]	名ペンキ 動～を描く，ペンキを塗る
☐ **painter** [péintər／ペインタ]	名画家，ペンキ屋
☐ **painting** [péintiŋ／ペインティング]	名絵，絵をかくこと
☐ **pair** [péər／ペア]	名1組，1対，夫婦
☐ **pajamas／pyjamas** [pədʒá:məz／パヂャーマズ]	名パジャマ，寝巻き
☐ **paper** [péipər／ペイパ]	名紙，新聞，書類
☐ **pardon** [pá:rdn／パードゥン]	名許し 動許す
☐ **parent** [péərənt／ペアレント]	名親，〔-s〕両親
☐ **Paris** [pǽris／パアリス]	名パリ
☐ **park** [pá:rk／パーク]	名公園 動駐車する
☐ **part** [pá:rt／パート]	名部分，役割
☐ **party** [pá:rti／パーティ]	名パーティ
☐ **pass** [pǽs／パアス]	動通り過ぎる，（時が）たつ，合格する，手渡す
☐ **passenger** [pǽsindʒər／パアセンヂャ]	名乗客
☐ **passport** [pǽspɔ̀:rt／パアスポート]	名パスポート，手段
☐ **past** [pǽst／パアスト]	名過去 形過去の
☐ **pay** [péi／ペイ]	名給料，報酬 動支払う
☐ **peace** [pí:s／ピース]	名平和
☐ **pear** [péər／ペア]	名梨
☐ **pearl** [pá:rl／パ〜ル]	名真珠，真珠色
☐ **pen** [pén／ペン]	名ペン
☐ **pencil** [pénsl／ペンスル]	名鉛筆
☐ **penny** [péni／ペニ]	名ペニー
☐ **people** [pí:pl／ピープル]	名人々，国民
☐ **pepper** [pépər／ペパ]	名こしょう，とうがらし
☐ **percent** [pərsént／パセント]	名パーセント，100分の1
☐ **perhaps** [pərhǽps／パハアップス]	副たぶん
☐ **period** [píəriəd／ピアリオド]	名期間，授業時間，終止符
☐ **person** [pá:rsn／パ〜スン]	名人
☐ **pet** [pét／ペット]	名ペット
☐ **phone** [fóun／フォウン]	名電話 動電話する
☐ **photo** [fóutou／フォウトゥ]	名写真
☐ **photograph** [fóutəgrǽf／フォウトグラァフ]	名写真
☐ **pianist** [piǽnist／ピアニスト]	名ピアニスト
☐ **piano** [piǽnou／ピアノウ]	名ピアノ
☐ **pick** [pík／ピック]	動（花，果物などを）摘みとる，選ぶ
☐ **picnic** [píknik／ピクニック]	名ピクニック
☐ **picture** [píktʃər／ピクチャ]	名絵，写真，映画
☐ **pie** [pái／パイ]	名パイ
☐ **piece** [pí:s／ピース]	名1片，1個，かけら
☐ **pig** [píg／ピッグ]	名ブタ
☐ **pilot** [páilət／パイロット]	名パイロット
☐ **pin** [pín／ピン]	名ピン
☐ **pink** [píŋk／ピンク]	名ピンク 形ピンク色の
☐ **pipe** [páip／パイプ]	名管，パイプ
☐ **pity** [píti／ピティ]	名哀れみ，同情
☐ **place** [pléis／プレイス]	名場所，住所 動置く，すえる
☐ **plan** [plǽn／プラァン]	名案 動計画する
☐ **plane** [pléin／プレイン]	名飛行機，平面
☐ **plant** [plǽnt／プラァント]	名植物，工場（施設） 動植える，（種）をまく
☐ **plastic** [plǽstik／プラァスティック]	名プラスチック，ビニール 形プラスチック製の，ビニール製の
☐ **plate** [pléit／プレイト]	名皿，板金，表札
☐ **platform** [plǽtfɔ:rm／プラァットフォーム]	名プラットホーム，演壇
☐ **play** [pléi／プレイ]	名劇，遊び，競技 動遊ぶ，（運動を）する，（楽器を）ひく，演ずる
☐ **player** [pléiər／プレイア]	名（運動の）選手，役者，競技者，演奏者
☐ **playground** [pléigràund／プレイグラウンド]	名運動場，遊園地
☐ **pleasant** [plézənt／プレザント]	形愉快な，気持のよい
☐ **please** [plí:z／プリーズ]	動喜ばせる 副〔丁重な依頼などに添えて〕どうぞ
☐ **plenty** [plénti／プレンティ]	名たくさん
☐ **plus** [plʌs／プラス]	形プラスの，正の 前～を加えた
☐ **p.m., P.M.** [pí:ém／ピーエム]	略午後の
☐ **pocket** [pákit／パケット]	名ポケット
☐ **poem** [póuəm／ポウエム]	名詩
☐ **poet** [póuit／ポウエット]	名詩人
☐ **point** [pɔ́int／ポイント]	名点，得点，要点，先端
☐ **pole** [póul／ポウル]	名棒，極（地）
☐ **police** [pəlí:s／ポリース]	名警察
☐ **policeman** [pəlí:smən／ポリースマン]	名警官
☐ **polite** [pəláit／ポライト]	形礼儀正しい，行儀のよい
☐ **pond** [pánd／パンド]	名池
☐ **pool** [pú:l／プール]	名小さな池，水たまり
☐ **poor** [púər／プア]	形貧しい，不得意な，かわいそうな
☐ **popular** [pápjələr／パピュラ]	形人気のある，大衆向きの
☐ **port** [pɔ́:rt／ポート]	名港，港町
☐ **portable** [pɔ́:rtəbl／ポータブル]	名携帯用の物 形持ち運びできる
☐ **position** [pəzíʃn／ポズィシャン]	名立場，地位，位置
☐ **possible** [pásəbl／パスィブル]	形ありうる，可能な，できるかぎりの
☐ **post** [póust／ポウスト]	名ポスト，郵便物，地位
☐ **postbox** [póustbàks／ポウストバックス]	名（英国の）ポスト
☐ **postcard** [póustkà:rd／ポウストカード]	名郵便はがき
☐ **poster** [póustər／ポウスタ]	名ポスター
☐ **postman** [póustmən／ポウストマン]	名郵便集配人
☐ **pot** [pát／パット]	名丸い入れ物，ポット
☐ **potato** [pətéitou／ポテイトゥ]	名ジャガ芋

☐ **pound** [páund／パウンド]	名ポンド	
☐ **power** [páuər／パウワ]	名力，能力，権力	
☐ **practice(-se)** [præktis／ プラァクティス]	名習慣，練習，実行 動実行する，練習する	
☐ **present** 名形[préznt／プレズント] 動[prizént／プリゼント]	名現在，プレゼント 形出席して，現在の 動贈る	
☐ **president** [prézidənt／ プレズィデント]	名大統領，社長，会長， 学長，頭取	
☐ **pretty** [príti／プリティ]	形かわいい，きれいな 副かなり	
☐ **price** [práis／プライス]	名値段，物価，代価	
☐ **pride** [práid／プライド]	名自慢，自尊心，うぬぼれ	
☐ **prince** [príns／プリンス]	名王子	
☐ **princess** [prínsəs／プリンセス]	名王女	
☐ **print** [prínt／プリント]	名印刷，印刷物 動印刷する，出版する	
☐ **prize** [práiz／プライズ]	名賞（品）	
☐ **probable** [prábəbl／プラバブル]	形ありそうな	
☐ **problem** [práblem／プラブレム]	名問題，やっかいなこと	
☐ **program** [próugræm／ プロウグラァム]	名プログラム，番組	
☐ **proud** [práud／プラウド]	形高慢な，誇らしげな， 喜ばしい	
☐ **pull** [púl／プル]	名引くこと 動引く	
☐ **pupil** [pjú:pl／ピューブル]	名生徒，弟子	
☐ **purse** [pə́:rs／パ〜ス]	名財布，ハンドバッグ	
☐ **push** [púʃ／プッシ]	動押す，突く	
☐ **put** [pút／プット]	動置く	

Q

☐ **quarter** [kwɔ́:rtər／クウォータ]	名4分の1，15分
☐ **queen** [kwí:n／クウィーン]	名女王，王妃
☐ **question** [kwéstʃən／クウェスチョン]	名質問，疑問，問題
☐ **quick** [kwík／クウィック]	形速い，機敏な，せっか ちな 副速く
☐ **quickly** [kwíkli／クウィックリ]	副速く，急いで，手速く
☐ **quiet** [kwáiət／クワイエット]	形静かな，温和な，落ち ついた
☐ **quietly** [kwáiətli／クワイエトリ]	副静かに，落ちついて
☐ **quite** [kwáit／クワイト]	副まったく，かなり

R

☐ **rabbit** [ræbit／ラァビット]	名ウサギ
☐ **race** [réis／レイス]	名競争，人種
☐ **racket** [rækit／ラァケット]	名ラケット
☐ **radio** [réidiou／レイディオウ]	名ラジオ
☐ **railroad** [réilròud／レイルロウド]	名鉄道
☐ **railway** [réilwèi／レイルウェイ]	名鉄道
☐ **rain** [réin／レイン]	名雨 動雨が降る
☐ **rainbow** [réinbòu／レインボウ]	名虹
☐ **rainy** [réini／レイニ]	形雨の，雨の多い
☐ **raise** [réiz／レイズ]	動上げる，育てる
☐ **rat** [ræt／ラァット]	名ネズミ
☐ **rather** [ræðər／ラァザ]	副いくぶん，むしろ
☐ **raw** [rɔ́:／ロー]	形生の，未熟な

☐ **reach** [rí:tʃ／リーチ]	動着く，達する
☐ **read** [rí:d／リード]	動読む
read [réd／レッド]	[rí:d]の過去・過去分詞形
☐ **reader** [rí:dər／リーダ]	名読者，教科書
☐ **ready** [rédi／レディ]	形用意ができて
☐ **real** [rí:əl／リーアル]	形本当の
☐ **really** [rí:əli／リーアリ]	副実際は，本当に，まっ たく，実に〔間投詞的に〕 ほんとう？
☐ **reason** [rí:zn／リーズン]	名理由，理性
☐ **receive** [risí:v／リスィーヴ]	動受け取る，迎える，受 け入れる
☐ **record** 名[rékərd／レカド] 動[rikɔ́:rd／リコード]	名レコード，記録，成績 動記録する，録音する
☐ **recorder** [rikɔ́:rdər／リコーダ]	名記録計，録音器，縦笛
☐ **red** [réd／レッド]	名赤 形赤い
☐ **refrigerator** [rifrídʒərèitər／ リフリヂレイタ]	名冷蔵庫
☐ **regular** [régjələr／レギュラ]	形定期的な，規則的な， 正式の
☐ **relax** [rilǽks／リラァックス]	動くつろがせる，ゆるめ る，くつろぐ
☐ **remember** [rimémbər／リメンバ]	動思い出す，覚えている
☐ **repeat** [ripí:t／リピート]	名くり返し 動くり返して言う
☐ **reply** [riplái／リプライ]	名返答，応答 動返事をする
☐ **report** [ripɔ́:rt／リポート]	名報告，報道，記事 動報告する
☐ **request** [rikwést／リクウェスト]	名願い（事），頼み（事）
☐ **rest** [rést／レスト]	名残り，休息，（物を支え る）台 動休む，休養する
☐ **restaurant** [réstərənt／レストラント]	名レストラン，食堂
☐ **return** [ritə́:rn／リタ〜ン]	動帰る，返す
☐ **ribbon** [ríbn／リボン]	名リボン
☐ **rice** [ráis／ライス]	名米
☐ **rich** [rítʃ／リッチ]	形金持ちの，豊かな
☐ **ride** [ráid／ライド]	名乗ること 動乗る
☐ **right** [ráit／ライト]	名右 形正しい
☐ **ring** [ríŋ／リング]	名（指）輪，闘牛場 動鳴らす，鳴る
☐ **rise** [ráiz／ライズ]	動（太陽・月が）昇る，上 がる，立つ，起き上がる
☐ **river** [rívər／リヴァ]	名川
☐ **road** [róud／ロウド]	名道路
☐ **roast** [róust／ロウスト]	名焼き肉 動（肉を）焼く，あぶる
☐ **rock** [rák／ラック]	名岩，岩石 動揺り動かす
☐ **rocket** [rákit／ラケット]	名ロケット（弾），打ち上 げ花火
☐ **rod** [rád／ラッド]	名棒，釣りざお
☐ **roll** [róul／ロウル]	名回転，巻いた物,出席簿 動ころがる，ころがす， 巻く
☐ **Rome** [róum／ロウム]	名ローマ

☑**roof** [rú:f／ルーフ]　　　名屋根
☑**room** [rú:m／ルーム]　　　名部屋，余地
☑**rope** [róup／ロウプ]　　　名なわ，ロープ
☑**rose** [róuz／ロウズ]　　　名バラ
☑**round** [ráund／ラウンド]
　　名丸，円，球形
　　形丸い，ふっくらした
　　副周囲を，回って
☑**row** [róu／ロウ]
　　名列
　　動船をこぐ
☑**rule** [rú:l／ルール]
　　名規則，慣例
　　動支配する
☑**ruler** [rú:lər／ルーラ]　　　名支配者，定規
☑**run** [rʌ́n／ラン]
　　名走ること，競争
　　動走る，経営する
☑**runner** [rʌ́nər／ラナ]　　　名ランナー，走る人
☑**rush** [rʌ́ʃ／ラッシ]
　　名突進，殺到
　　動突進する，大急ぎでする
☑**Russia** [rʌ́ʃə／ラシャ]　　　名ロシア
☑**Russian** [rʌ́ʃn／ラシャン]
　　名ロシア（系）人，ロシア語
　　形ロシアの,ロシア人〔語〕の

S

☑**sad** [sǽd／サァッド]　　　形悲しい
☑**safe** [séif／セイフ]
　　名金庫
　　形安全な
☑**sail** [séil／セイル]
　　名帆
　　動出帆する
☑**sailor** [séilər／セイラ]　　　名水夫，船員
☑**salad** [sǽləd／サァラド]　　　名サラダ
☑**sale** [séil／セイル]　　　名販売,安売り,売れ行き
☑**salt** [sɔ́:lt／ソールト]　　　名塩
☑**same** [séim／セイム]
　　代〔the をつけて〕同じもの〔こと〕
　　形同一の
☑**sample** [sǽmpl／サァンプル]
　　名見本，サンプル
　　動（見本で）試す
☑**sand** [sǽnd／サァンド]　　　名砂，砂浜，砂地
☑**sandwich** [sǽndwitʃ／サァン（ド）ウィッチ]　　　名サンドイッチ
☑**Saturday** [sǽtərdei／サァタデイ]　　　名土曜日（略：Sat.）
☑**sausage** [sɔ́:sidʒ／ソーセッヂ]　　　名ソーセージ
☑**say** [séi／セイ]　　　動言う，話す
☑**scene** [sí:n／スィーン]　　　名場面，景色
☑**school** [skú:l／スクール]　　　名学校，授業
☑**science** [sáiəns／サイエンス]　　　名科学
☑**scientist** [sáiəntist／サイエンティスト]　　　名科学者
☑**scissors** [sízərz／スィザズ]　　　名はさみ
☑**sea** [sí:／スィー]　　　名海
☑**seaside** [sí:sàid／スィーサイド]　　　名海辺
☑**season** [sí:zn／スィーズン]　　　名季節
☑**seat** [sí:t／スィート]　　　名座席
☑**second** [sékənd／セカンド]
　　名秒，第2
　　形第2の
　　副第2に

☑**secret** [sí:krit／スィークレット]
　　名秘密，神秘
　　形秘密の，人目につかない
☑**see** [sí:／スィー]　　　動見る，会う，わかる
☑**seem** [sí:m／スィーム]
　　動（～のように）見える，思われる
☑**sell** [sél／セル]　　　動売る，売れる
☑**send** [sénd／センド]　　　動送る，届ける
☑**senior** [sí:njər／スィーニャ]
　　名年長者，先輩，上級生
　　形年長の
☑**sentence** [séntəns／センテンス]　　　名文，判決
☑**September** [septémbər／セプテンバ]　　　名9月（略：Sept.）
☑**servant** [sɔ́:rvənt／サ～ヴァント]　　　名召使い，家来
☑**serve** [sɔ́:rv／サ～ヴ]
　　動仕える，給仕する，役に立つ
☑**service** [sɔ́:rvis／サ～ヴィス]
　　名奉仕，勤務，（教会の）礼拝
☑**set** [sét／セット]
　　動置く，（カメラ・めざまし時計などを）セットする，（日・月が）沈む
☑**seven** [sévn／セヴン]
　　名7
　　形7の
☑**seventeen** [sèvntí:n／セヴンティーン]
　　名17
　　形17の
☑**seventh** [sévnθ／セヴンス]
　　名第7
　　形第7の
☑**seventy** [sévnti／セヴンティ]
　　名70
　　形70の
☑**several** [sévrəl／セヴラル]　　　形いくつかの
☑**shadow** [ʃǽdou／シァドウ]　　　名影
☑**shall** [ʃǽl／シァル]　　　助～するでしょう
☑**shape** [ʃéip／シェイプ]
　　名形，姿
　　動形作る
☑**sharp** [ʃá:rp／シャープ]　　　形鋭い，きびしい
☑**shave** [ʃéiv／シェイヴ]
　　名ひげをそること
　　動ひげをそる
☑**she** [ʃí:／シー]　　　代彼女は〔が〕
☑**sheep** [ʃí:p／シープ]　　　名羊
☑**sheet** [ʃí:t／シート]
　　名敷布，シーツ，（紙など薄いものの）1枚
☑**shelf** [ʃélf／シェルフ]　　　名棚
☑**shine** [ʃáin／シャイン]　　　動輝く
☑**ship** [ʃíp／シップ]　　　名船
☑**shirt** [ʃɔ́:rt／シャ～ト]　　　名シャツ
☑**shoe(s)** [ʃú:(z)／シュー]　　　名靴
☑**shoot** [ʃú:t／シュート]　　　動撃つ，射る
☑**shop** [ʃáp／シャップ]　　　名店
☑**shopkeeper** [ʃápkì:pər／シャップキーパ]　　　名店主，商人
☑**shopping** [ʃápiŋ／シャピング]　　　名買い物
☑**shore** [ʃɔ́:r／ショーア]　　　名岸
☑**short** [ʃɔ́:rt／ショート]　　　形短い
☑**should** [ʃúd／シュッド]　　　助shall の過去形
☑**shoulder** [ʃóuldər／ショウルダ]　　　名肩
☑**shout** [ʃáut／シャウト]　　　動叫ぶ
☑**show** [ʃóu／ショウ]
　　名展覧会，見せ物
　　動見せる，明らかにする
☑**shower** [ʃáuər／シャウア]　　　名にわか雨，シャワー
☑**shut** [ʃʌ́t／シャット]　　　動閉じる，しまる

☑shy [ʃái／シャイ] 形恥ずかしがりの，内気な

☑sick [sík／スィック] 形病気の

☑sickness [síknəs／スィックネス] 名病気

☑side [sáid／サイド] 名側面

☑sign [sáin／サイン] 名しるし，記号，合図 動署名する，合図する

☑signal [sígnl／スィグヌル] 名信号，合図

☑silent [sáilənt／サイレント] 形静かな，無音の

☑silk [sílk／スィルク] 名絹 形絹の

☑silver [sílvər／スィルヴァ] 名銀 形銀の，銀製の

☑simple [símpl／スィンプル] 形単純な，簡単な，簡素な，率直な

☑since [síns／スィンス] 前〜以来 接〜以来，〜だから

☑sing [síŋ／スィング] 動歌う

☑singer [síŋər／スィンガ] 名歌手

☑single [síŋgl／スィングル] 名1つの物 形ただ1つの，独身の

☑sink [síŋk／スィンク] 名（台所の）流し 動沈む，沈める

☑sir [sə́:r／サ〜] 名〔目上の人,店の客など男性に対する丁重な呼びかけ〕あなた，先生

☑sister [sístər／スィスタ] 名姉，妹

☑sit [sít／スィット] 動すわる

☑six [síks／スィックス] 名6 形6の

☑sixteen [sìkstí:n／スィクスティーン] 名16 形16の

☑sixth [síksθ／スィックスス] 名第6 形第6の

☑sixty [síksti／スィクスティ] 名60 形60の

☑size [sáiz／サイズ] 名大きさ，寸法

☑skate [skéit／スケイト] 動スケートをする

☑ski [skí:／スキー] 動スキーをする

☑skin [skín／スキン] 名皮膚，肌

☑skirt [skə́:rt／スカ〜ト] 名スカート，すそ

☑sky [skái／スカイ] 名空

☑sleep [slí:p／スリープ] 名眠り 動眠る

☑sleepy [slí:pi／スリーピ] 形眠い，眠そうな

☑slip [slíp／スリップ] 名滑ること，誤り，スリップ 動滑る，滑らせる，そっと行く

☑slow [slóu／スロウ] 形おそい，のろい

☑slowly [slóuli／スロウリ] 副ゆっくり，おそく

☑small [smɔ́:l／スモール] 形小さい

☑smart [smá:rt／スマート] 形利口な，生意気な，しゃれた

☑smell [smél／スメル] 名におい 動においをかぐ，においがする

☑smile [smáil／スマイル] 名微笑 動ほほえむ

☑smoke [smóuk／スモウク] 名煙，喫煙 動たばこを吸う

☑snake [snéik／スネイク] 名蛇 動くねくねと動く

☑snow [snóu／スノウ] 名雪 動雪が降る

☑snowy [snóui／スノウイ] 形雪の降る，雪の多い

☑so [sóu／ソウ] 副そのように，それほど，そう 接それで

☑soap [sóup／ソウプ] 名石けん

☑soccer [sákər／サカ] 名サッカー

☑social [sóuʃl／ソウシャル] 形社会の，社会的な，社交的な

☑sock (s) [sák(s)／サック] 名ソックス，短いくつ下

☑sofa [sóufə／ソウファ] 名ソファー

☑soft [sɔ́:ft／ソーフト] 形やわらかい

☑softly [sɔ́:ftli／ソーフトリ] 副やわらかに，静かに，やさしく

☑soldier [sóuldʒər／ソウルヂャ] 名軍人，兵士

☑some [sʌ́m／サム] 代いくらか，数個 形いくらかの，ある

☑somebody [sʌ́mbàdi／サムバディ] 代だれか，ある人

☑someone [sʌ́mwàn／サムワン] 代だれか，ある人

☑something [sʌ́mθìŋ／サムスィング] 代何か

☑sometimes [sʌ́mtàimz／サムタイムズ] 副ときどき

☑son [sʌ́n／サン] 名息子

☑song [sɔ́:ŋ／ソーング] 名歌

☑soon [sú:n／スーン] 副すぐ，間もなく

☑sorry [sári／サリ] 形気の毒で，すまなく，残念で

☑sort [sɔ́:rt／ソート] 名種類 動分類する

☑sound [sáund／サウンド] 名音 動鳴る，響く 形健全な 副ぐっすりと

☑soup [sú:p／スープ] 名スープ

☑sour [sáuər／サウア] 形すっぱい，不機嫌な

☑south [sáuθ／サウス] 名南 形南の

☑southern [sʌ́ðərn／サザン] 形南の

☑space [spéis／スペイス] 名空間，宇宙，場所

☑Spain [spéin／スペイン] 名スペイン

☑Spanish [spǽniʃ／スパァニッシ] 名スペイン人，スペイン語 形スペイン人〔語〕の

☑speak [spí:k／スピーク] 動話す

☑speaker [spí:kər／スピーカ] 名話す人，拡声機

☑special [spéʃl／スペシャル] 形特別の，専門の

☑speech [spí:tʃ／スピーチ] 名発言，演説，話

☑speed [spí:d／スピード] 名速度 動速める

☑spell [spél／スペル] 動つづる

☑spelling [spéliŋ／スペリング] 名（語の）つづり方

☑spend [spénd／スペンド] 動（金を）使う，（時を）過ごす

☑spoon [spú:n／スプーン] 名スプーン

☑sport [spɔ́:rt／スポート] 名スポーツ

☑spot [spát／スパット] 名しみ，点，場所

☑ **spring** [spríŋ／スプリング]	名春，ばね，泉
	動跳ねる
☑ **stadium** [stéidiəm／ステイディアム]	名競技場
☑ **stage** [stéidʒ／ステイジ]	名ステージ，舞台，段階
☑ **stair** [stéər／ステア]	名階段
☑ **stamp** [stǽmp／スタアンプ]	名切手，印
	動切手を貼る，判をおす
☑ **stand** [stǽnd／スタアンド]	動立つ，立っている
☑ **star** [stá:r／スター]	名星，スター
☑ **start** [stá:rt／スタート]	名出発，初め
	動出発する，始まる，始める
☑ **state** [stéit／ステイト]	名州，国家，状態
☑ **station** [stéiʃn／ステイシャン]	名駅
☑ **stay** [stéi／ステイ]	名滞在
	動滞在する
☑ **steal** [stí:l／スティール]	動盗む
☑ **steam** [stí:m／スティーム]	名蒸気，スチーム
☑ **step** [stép／ステップ]	名歩み
	動歩む
☑ **stewardess** [stjú:ərdəs／ステューアデス]	名スチュワーデス
☑ **stick** [stík／スティック]	名棒切れ，ステッキ
	動突き刺す
☑ **still** [stíl／スティル]	形静かな，静止した
	副まだ，それでも
☑ **stocking** [stákiŋ／スタキング]	名ストッキング
☑ **stone** [stóun／ストウン]	名石
☑ **stop** [stáp／スタップ]	名停車場，中止
	動止まる，止める
☑ **store** [stó:r／ストーア]	名商店，貯蔵品
☑ **storm** [stó:rm／ストーム]	名嵐
☑ **story** [stó:ri／ストーリ]	名物語，話，階
☑ **stove** [stóuv／ストウヴ]	名ストーブ
☑ **straight** [stréit／ストゥレイト]	形まっすぐな，率直な
	副まっすぐに，率直に
☑ **strange** [stréindʒ／ストゥレインヂ]	形奇妙な，見知らぬ
☑ **stranger** [stréindʒər／ストゥレインヂャ]	名見知らぬ人，不案内な人
☑ **straw** [stró:／ストゥロー]	名わら，ストロー
☑ **stream** [strí:m／ストゥリーム]	名小川，流れ
☑ **street** [strí:t／ストゥリート]	名通り，（町の）道路
☑ **strike** [stráik／ストゥライク]	名打つこと，打撃，ストライキ
	動打つ，ぶつかる
☑ **strong** [stró:ŋ／ストゥローング]	形強い，じょうぶな
☑ **student** [stjú:dnt／ステューデント]	名学生
☑ **study** [stʌ́di／スタディ]	名研究，書斎
	動勉強する，研究する
☑ **style** [stáil／スタイル]	名型，様式，スタイル，文体
☑ **subject** [sʌ́bdʒikt／サブヂェクト]	名主題，科目，主語
☑ **suburb** [sʌ́bə:rb／サバ～ブ]	名〔ふつう-s〕郊外
☑ **subway** [sʌ́bwèi／サブウェイ]	名地下鉄
☑ **succeed** [səksí:d／サクスィード]	動成功する，相続する
☑ **success** [səksés／サクセス]	名成功，成功者
☑ **such** [sʌ́tʃ／サッチ]	形そのような
☑ **sudden** [sʌ́dn／サドゥン]	形突然の，急な
☑ **sugar** [ʃúgər／シュガ]	名砂糖
☑ **suitcase** [sú:tkèis／スートケイス]	名スーツケース，旅行かばん
☑ **summer** [sʌ́mər／サマ]	名夏
☑ **sun** [sʌ́n／サン]	名太陽
☑ **Sunday** [sʌ́ndèi／サンデイ]	名日曜日（略：Sun.）
☑ **sunny** [sʌ́ni／サニ]	形日当たりのよい，陽気な
☑ **sunshine** [sʌ́nʃàin／サンシャイン]	名日光，日なた
☑ **supermarket** [sú:pərmà:rkit／スーパマーケット]	名スーパーマーケット
☑ **supper** [sʌ́pər／サパ]	名夕食
☑ **suppose** [səpóuz／サポウズ]	動推測する，思う，仮定する
☑ **sure** [ʃúər／シュア]	形確実な
☑ **surprise** [sərpráiz／サプライズ]	動驚かす
	名驚き
☑ **swan** [swán／スワン]	名白鳥
☑ **sweater** [swétər／スウェタ]	名セーター
☑ **sweep** [swí:p／スウィープ]	動掃く，掃除する
☑ **sweet** [swí:t／スウィート]	名砂糖菓子
	形甘い，さわやかな，（声が）耳に快い
☑ **swim** [swím／スウィム]	名水泳
	動泳ぐ
☑ **swing** [swíŋ／スウィング]	名振ること，ブランコ
	動揺れる，振る
☑ **Swiss** [swís／スウィス]	名スイス人
	形スイス（人）の
☑ **Switzerland** [swítsərlənd／スウィッツァランド]	名スイス

T

☑ **table** [téibl／テイブル]	名テーブル，食卓，表
☑ **tail** [téil／テイル]	名尾，後部
☑ **take** [téik／テイク]	動取る，（人を）連れていく，（物を）持っていく，乗る
☑ **talk** [tó:k／トーク]	名話
	動話す
☑ **tall** [tó:l／トール]	形背の高い
☑ **tape** [téip／テイプ]	名テープ
☑ **taste** [téist／テイスト]	名味
	動味わう，〜の味がする
☑ **taxi** [tǽksi／タアクスィ]	名タクシー
☑ **tea** [tí:／ティー]	名茶，紅茶
☑ **teach** [tí:tʃ／ティーチ]	動教える
☑ **teacher** [tí:tʃər／ティーチャ]	名先生
☑ **team** [tí:m／ティーム]	名チーム
☑ **tear** 名[tíər／ティア]	名涙
動[téər／テア]	動破る，裂く，ちぎる
☑ **teeth** [tí:θ／ティース]	名tooth の複数形クセント
☑ **telephone** [téləfòun／テレフォウン]	名電話
	動電話をする
☑ **television** [téləvìʒn／テレヴィジャン]	名テレビ
☑ **tell** [tél／テル]	動話す，知らせる，告げる
☑ **ten** [tén／テン]	名10
	形10の
☑ **tennis** [ténis／テニス]	名テニス
☑ **tent** [tént／テント]	名テント

☑tenth [ténθ／テンス]	名第10
	形第10の
☑terrible [térəbl／テリブル]	形ひどい，恐ろしい，悲惨な
☑test [tést／テスト]	名試験
	動試験をする
☑text [tékst／テクスト]	名本文，教科書
☑textbook [tékstbùk／テクストブック]	名教科書
☑than [ðæn／ザァン]	接～よりも
☑thank [θǽŋk／サァンク]	動感謝する
☑thanks [θǽŋks／サァンクス]	名感謝
	間ありがとう
☑that [ðǽt／ザァット]	代あれ，それ
	形あの，その
☑the [(子音の前で)ðə／ザ] [(母音の前で)ði／ズィ]	冠その〔通例訳さない〕
☑theater [θíətər／スィーアタ]	名劇場
☑their [ðéər／ゼア]	代彼らの
☑theirs [ðéərz／ゼアズ]	代彼らのもの
☑them [ðém／ゼム]	代彼らに〔を〕
☑themselves [ðəmsélvz／ゼムセルヴズ]	代彼ら自身
☑then [ðén／ゼン]	副その時,それから,では
☑there [ðéər／ゼア]	副そこへ，そこで，そこに，あそこで
☑these [ðí:z／ズィーズ]	代これらは〔this の複数形〕
	形これらの
☑they [ðéi／ゼイ]	代彼らは〔が〕
☑thick [θík／スィック]	形厚い，太い，密生した，濃い
☑thin [θín／スィン]	形薄い，まばらな，細い，やせた
☑thing [θíŋ／スィング]	名物，事
☑think [θíŋk／スィンク]	動考える，思う
☑third [θə́:rd／サ～ド]	名第3
	形第3の
☑thirsty [θə́:rsti／サ～スティ]	形のどが渇いた，熱望している
☑thirteen [θə̀:rtí:n／サ～ティーン]	名13
	形13の
☑thirty [θə́:rti／サ～ティ]	名30
	形30の
☑this [ðís／ズィス]	代これは
	形この
☑those [ðóuz／ゾウズ]	代それらは，あれらは
	形それらの，あれらの〔いずれも that の複数形〕
☑thought [θɔ́:t／ソート]	名考え，意見
☑thousand [θáuznd／サウザンド]	名千
	形千の
☑three [θrí:／スリー]	名3
	形3の
☑throat [θróut／スロウト]	名のど
☑through [θrú:／スルー]	前～を通じて
☑throw [θróu／スロウ]	動投げる
☑thumb [θʌ́m／サム]	名(手の)親指
☑Thursday [θə́:rzdei／サ～ズデイ]	名木曜日(略：Thur.)
☑ticket [tíkit／ティケット]	名切符
☑tie [tái／タイ]	名ネクタイ，結び目
	動結ぶ

☑tiger [táigər／タイガ]	名トラ
☑till [tíl／ティル]	前接～までに
☑time [táim／タイム]	名時間，期間
☑tired [táiərd／タイアド]	形疲れた，あきた
☑to [tu:／トゥー]	前～へ，～に，まで
☑toast [tóust／トウスト]	名トースト，乾杯
	動こんがり焼く，乾杯する
☑today [tədéi／トゥデイ]	名副今日
☑together [təgéðər／トゥゲザ]	副いっしょに
☑toilet [tɔ́ilət／トイレット]	名洗面所，トイレ
☑tomato [təméitou／トメイトウ]	名トマト
☑tomorrow [təmárou／トゥマーロウ]	名副明日
☑tonight [tənáit／トゥナイト]	名副今夜
☑too [tú:／トゥー]	副(肯定文で)もまた，～すぎる
☑tool [tú:l／トゥール]	名道具
☑tooth [tú:θ／トゥース]	名歯
☑toothache [tú:θèik／トゥースエイク]	名歯痛
☑toothbrush [tú:θbrʌ̀ʃ／トゥースブラッシ]	名歯ブラシ
☑toothpaste [tú:θpèist／トゥースペイスト]	名練り歯磨き
☑top [táp／タップ]	名頂上，てっぺん，首位，こま
☑topic [tápik／タピック]	名話題，トピック
☑touch [tʌ́tʃ／タッチ]	名ふれること
	動さわる，ふれる
☑tour [túər／トゥア]	名旅行，見物
☑toward [tɔ́rd／トード，təwɔ́:rd／トゥウォード]	前～の方へ〔に〕，～に向かって
☑tower [táuər／タウア]	名塔
☑town [táun／タウン]	名町
☑toy [tɔ́i／トイ]	名おもちゃ
☑traffic [trǽfik／トゥラァフィック]	名交通，貿易
☑train [tréin／トゥレイン]	名電車，列車
	動訓練する
☑travel [trǽvl／トゥラァヴル]	名旅行
	動旅行する
☑traveler [trǽvələr／トゥラァヴェラ]	名旅行者
☑tray [tréi／トゥレイ]	名盆，浅皿
☑tree [trí:／トゥリー]	名木
☑trip [tríp／トゥリップ]	名旅行
☑trouble [trʌ́bl／トゥラブル]	名心配，苦労，困ったこと，めんどう
	動めんどうをかける
☑truck [trʌ́k／トゥラック]	名貨物自動車，トラック
☑true [trú:／トゥルー]	形ほんとうの
☑truth [trú:θ／トゥルース]	名真理，真実
☑try [trái／トゥライ]	名試み，努力
	動やってみる，努力する
☑Tuesday [tjú:zdei／テューズデイ]	名火曜日(略：Tues.)
☑tulip [tjú:lip／テューリップ]	名チューリップ
☑tunnel [tʌ́nl／タヌル]	名トンネル，地下道
☑turn [tə́:rn／タ～ン]	名回転，曲り角，順番
	動向きを変える，回す，回る
☑TV [tí:ví:／ティーヴィー]	名〔television の略〕テレビ

☐ **twelfth** [twélfθ／トゥウェルフス]	名第12
	形第12の
☐ **twelve** [twélv／トゥウェルヴ]	名12
	形12の
☐ **twentieth** [twéntiəθ／トゥウェンティエス]	名第20
	形第20の
☐ **twenty** [twénti／トゥウェンティ]	名20
	形20の
☐ **twice** [twáis／トゥワイス]	副2度，2倍
☐ **two** [tú:／トゥー]	名2
	形2の
☐ **type** [táip／タイプ]	名型，種類，見本
	動タイプする
☐ **typewriter** [táipràitər／タイプライタ]	名タイプライター
☐ **typist** [táipist／タイピスト]	名タイピスト

U

☐ **umbrella** [ʌmbrélə／アンブレラ]	名かさ
☐ **uncle** [ʌ́ŋkl／アンクル]	名おじ
☐ **under** [ʌ́ndər／アンダ]	前～の下に
☐ **underground** [ʌ́ndərgràund／アンダグラウンド]	名地下鉄
	形地下の，秘密の
☐ **understand** [ʌ̀ndərstǽnd／アンダスタァンド]	動理解する
☐ **unhappy** [ʌnhǽpi／アンハァピ]	形悲しい，不幸な
☐ **uniform** [jú:nəfɔ̀:rm／ユーニフォーム]	名制服
☐ **university** [jù:nəvə́:rsəti／ユーニヴァ〜スィティ]	名大学
☐ **until** [əntíl／アンティル]	前接～まで＝till
☐ **up** [ʌ́p／アップ]	副上へ，昇って，～しつくして
☐ **upon** [əpán／アパン]	前～の上に
☐ **upstairs** [ʌ́pstéərz／アプステアズ]	副階上へ〔で〕，2階へ〔で〕
☐ **us** [ʌ́s／アス]	代私たちに〔を〕
☐ **U.S.A.** [jú:éséi／ユーエスエイ]	名略アメリカ合衆国
☐ **use** 名[jú:s／ユース]	名使用
動[jú:z／ユーズ]	動使う
☐ **used** [jú:st／ユース（ト）]	形～に慣れて
[jú:zd／ユーズド]	形使い古した，中古の
☐ **useful** [jú:sfl／ユースフル]	形役に立つ
☐ **usual** [jú:ʒuəl／ユージュアル]	形いつもの，普通の
☐ **usually** [jú:ʒuəli／ユージュアリ]	副普通

V

☐ **vacation** [veikéiʃn／ヴェイケイシャン]	名休日，休み
☐ **valley** [vǽli／ヴァリ]	名谷，渓谷
☐ **vase** [véis／ヴェイス]	名花びん
☐ **vegetable** [védʒtəbl／ヴェヂタブル]	名野菜
	形野菜の
☐ **very** [véri／ヴェリ]	副非常に，大変
☐ **video** [vídiòu／ヴィディオウ]	名ビデオ（テープ）
☐ **view** [vjú:／ヴュー]	名視界，光景，目的，考え，景色
☐ **village** [vílidʒ／ヴィレッヂ]	名村
☐ **violin** [vàiəlín／ヴァイオリン]	名バイオリン
☐ **visit** [vízit／ヴィズィット]	名訪問
	動訪れる
☐ **visitor** [vízitər／ヴィズィタ]	名訪問者，来客，観光客
☐ **voice** [vɔ́is／ヴォイス]	名声

☐ **volleyball** [válibɔ̀:l／ヴァリボール]	名バレーボール

W

☐ **waist** [wéist／ウェイスト]	名ウエスト，腰
☐ **wait** [wéit／ウェイト]	動待つ，給仕する
☐ **waiter** [wéitər／ウェイタ]	名給仕
☐ **waitress** [wéitrəs／ウェイトゥレス]	名ウェイトレス
☐ **wake** [wéik／ウェイク]	動目をさます，起こす
☐ **walk** [wɔ́:k／ウォーク]	名歩み
	動歩く
☐ **wall** [wɔ́:l／ウォール]	名壁
☐ **wallet** [wálit／ワレット]	名財布，札入れ
☐ **want** [wánt／ワント]	動ほしい，～したい
☐ **war** [wɔ́:r／ウォーア]	名戦争
☐ **warm** [wɔ́:rm／ウォーム]	形暖かい，温かい
☐ **was** [wáz／ワズ]	動am, is の過去形
☐ **wash** [wáʃ／ワッシ]	動洗う，洗濯する
☐ **Washington** [wáʃiŋtən／ワシンクトン]	名ワシントン
☐ **watch** [wátʃ／ワッチ]	名腕時計，見張り
	動見る，見張る
☐ **water** [wɔ́:tər／ウォータ]	名水
☐ **wave** [wéiv／ウェイブ]	名波
	動揺れる，（手や旗を）ふる
☐ **way** [wéi／ウェイ]	名道，方法
☐ **we** [wí:／ウィー]	代私たちは〔が〕
☐ **weak** [wí:k／ウィーク]	形弱い，劣った
☐ **wear** [wéər／ウェア]	動身につけている
☐ **weather** [wéðər／ウェザ]	名天気，天候
☐ **Wednesday** [wénzdei／ウェンズデイ]	名水曜日（略：Wed.）
☐ **week** [wí:k／ウィーク]	名週
☐ **weekday** [wí:kdèi／ウィークデイ]	名平日，週日
☐ **weekend** [wí:kènd／ウィーケンド]	名週末
☐ **weight** [wéit／ウェイト]	名重さ，重荷
☐ **welcome** [wélkəm／ウェルカム]	動歓迎する
	形歓迎される
	間ようこそ
☐ **well** [wél／ウェル]	形健康で
	副うまく
	間おや，まあ，さて
☐ **were** [wə́:r／ワ〜]	動are の過去形
☐ **west** [wést／ウェスト]	名西
☐ **western** [wéstərn／ウェスタン]	形西の
☐ **wet** [wét／ウェット]	形ぬれた，湿った，湿気の多い
☐ **whale** [hwéil／(ホ)ウェイル]	名鯨
☐ **what** [hwát／(ホ)ワット]	代何
	形何の
☐ **when** [hwén／(ホ)ウェン]	副いつ
☐ **where** [hwéər／(ホ)ウェア]	副どこ
☐ **whether** [hwéðər／(ホ)ウェザ]	接～かどうか
☐ **which** [hwítʃ／(ホ)ウィッチ]	代どちら
☐ **while** [hwáil／(ホ)ワイル]	名しばらくの間
	接～する間に，なのに，だが一方
☐ **white** [hwáit／(ホ)ワイト]	名白
	形白い
☐ **who** [hú:／フー]	代だれが〔に〕
☐ **whole** [hóul／ホウル]	形全体の，完全な
☐ **whom** [hú:m／フーム]	代だれを〔に〕

☑**whose** [húːz／フーズ] 代だれの，だれの物

☑**why** [hwái／(ホ)ワイ] 副なぜ

☑**wide** [wáid／ワイド] 形幅の広い
副幅広く，遠く

☑**wife** [wáif／ワイフ] 名妻

☑**wild** [wáild／ワイルド] 形野生の，乱暴な

☑**will** [wíl／ウィル] 名意志
助〜しよう，〜だろう

☑**win** [wín／ウィン] 動勝つ

☑**wind** 名[wínd／ウィンド] 名風
動[wáind／ワィンド] 動曲がる，巻く

☑**window** [wíndou／ウィンドゥ] 名窓

☑**windy** [wíndi／ウィンディ] 形風のある，風の強い

☑**wine** [wáin／ワイン] 名ぶどう酒，ワイン

☑**wing** [wíŋ／ウィング] 名翼，羽

☑**winter** [wíntər／ウィンタ] 名冬

☑**wipe** [wáip／ワイプ] 動拭く，ぬぐいとる

☑**wise** [wáiz／ワイズ] 形賢い

☑**wish** [wíʃ／ウィッシ] 動望む，〜したい

☑**with** [wið／ウィズ] 前〜とともに，〜を用いて

☑**within** [wiðín／ウィズイン] 副内側で〔へ，に〕
前〜の内側に，〜以内に〔で〕

☑**without** [wiðáut／ウィズアウト] 前〜なしで

☑**wolf** [wúlf／ウルフ] 名オオカミ

☑**woman** [wúmən／ウマン] 名女性，婦人

☑**women** [wímin／ウィミン] 名woman の複数形

☑**wonder** [wʌ́ndər／ワンダ] 名驚異，不思議，驚くべき物，奇跡的な行為
動驚く，〜かしらと思う，疑問に思う

☑**wonderful** [wʌ́ndərfl／ワンダフル] 形すばらしい

☑**wood** [wúd／ウッド] 名木材，〔-s〕森

☑**wooden** [wúdn／ウドゥン] 形木造の，木製の

☑**wool** [wúl／ウル] 名羊毛

☑**word** [wə́ːrd／ワ〜ド] 名単語，ことば

☑**work** [wə́ːrk／ワ〜ク] 名仕事
動働く，勉強する

☑**worker** [wə́ːrkər／ワ〜カ] 名働く人，労働者

☑**world** [wə́ːrld／ワ〜ルド] 名世界，世の中

☑**worry** [wə́ːri／ワ〜リ] 名心配
動悩む，心配させる

☑**worse** [wə́ːrs／ワ〜ス] 形より悪い
副より悪く

☑**worst** [wə́ːrst／ワ〜スト] 名最悪
形もっとも悪い
副もっとも悪く

☑**would** [wúd／ウッド] 助will の過去形

☑**wrist** [ríst／リスト] 名手首

☑**write** [ráit／ライト] 動書く

☑**writer** [ráitər／ライタ] 名作家

☑**wrong** [rɔ́ːŋ／ローング] 形間違った，悪い

Y

☑**yard** [jáːrd／ヤード] 名中庭，ヤード（長さの単位）

☑**year** [jíər／イア] 名年

☑**yellow** [jélou／イェロウ] 名黄色
形黄色の

☑**yes** [jés／イェス] 副はい

☑**yesterday** [jéstərdèi／イェスタデイ] 名副きのう

☑**yet** [jét／イェット] 副〔否定文・条件文で〕まだ〔疑問文で〕もう

☑**you** [júː／ユー] 代あなた(たち)は〔が〕，あなた(たち)に〔を〕

☑**young** [jʌ́ŋ／ヤング] 形若い，未熟な

☑**your** [júər／ユア] 代あなた(たち)の

☑**yours** [júərz／ユアズ] 代あなた(たち)のもの

☑**yourself** [juərsélf／ユアセルフ] 代あなた自身

☑**yourselves** [juərsélvz／ユアセルヴズ] 代あなたがた自身

Z

☑**zero** [zíːrou／ズィーロウ] 名ゼロ，零度

☑**zoo** [zúː／ズー] 名動物園